Edition Dithmarscher Landeskunde

Der Briefwechsel
zwischen
Heinrich Christian Boie
und
Johann Martin Miller

–

ergänzt durch Briefe von
Christian Rudolf Boie

herausgegeben von

Urs Schmidt-Tollgreve

Herausgegeben vom Verein für Dithmarscher Landeskunde e.V.
© 2024 Verein für Dithmarscher Landeskunde e.V.
Gestaltung: Wolfgang W. Schulz
Verlag: BoD • Books on Demand GmbH, In de Tarpen 42, 22848 Norderstedt
Druck: Libri Plureos GmbH, Friedensallee 273, 22763 Hamburg

Printed in Germany

ISBN: 978-3-7597-8494-0

Inhalt

Seite

Hargen Thomsen

Vorwort zum Briefwechsel Boie – Miller

Jeder, der sich mit Geschichte beschäftigt, wird schon die eigentümliche Beobachtung gemacht haben, dass sie sich in ganz unterschiedlichem Tempo fortbewegt. Auf Phasen der Stagnation, die Jahrzehnte oder sogar Jahrhunderte andauern können, folgen dann manchmal Revolutionen, die in wenigen Wochen oder Monaten alles umstoßen, was bis dahin doch unumstößlich schien, und Institutionen, von denen man dachte, sie seien für die Ewigkeit gemacht, sind plötzlich im Handumdrehen verschwunden. Viele von uns haben diese Beobachtung selbst machen können, als im Herbst 1989 die deutsche Teilung innerhalb weniger Wochen überwunden wurde, von der wir doch alle geglaubt hatten, wir würden ihr Ende nicht mehr erleben (auch wenn hinterher natürlich alle es besser gewusst hatten).

Diese Tempounterschiede zwischen Stagnation und Revolution gibt es nicht nur in der politischen Geschichte, auch wenn sie hier deutlicher sichtbar sind, und ihre Folgen schneller für alle spürbar werden. Auch die Kultur- und Literaturgeschichte kennt Phasen von Stagnation, auf die dann solche folgen, in denen innerhalb weniger Jahre alles in Bewegung gerät und die Ansichten darüber, was schön und gelungen ist und was eine zeitgemäße Literatur bewirken soll, sich fundamental wandeln. Für die Zeitgenossen mag das nicht so leicht sichtbar sein wie in der politischen Geschichte, weil Altes und Neues noch längere Zeit nebeneinander her laufen, und manchmal erst eine spätere Generation bemerken kann, wie ein bestimmtes Gedicht oder ein bestimmter Roman etwas radikal Neues bringen, das sich später durchsetzen wird. Auffällig ist überdies, dass kulturelle Glanzzeiten selten mit politischen oder wirtschaftlichen Hochphasen in eins fallen.

Das gilt auf jeden Fall für die 1770er Jahre, die politisch keine wichtige Landmarke vorzuweisen haben, in der deutschen Literatur aber zu den aufregendsten Jahrzehnten zählen, solange überhaupt in deutscher Sprache geschrieben wird. Seit dem Tod der großen Barockdichter Andreas Gryphius (1664) und Hans Jacob Christoph von Grimmelshausen (1676) war fast hundert Jahre lang kein Dichtername mehr aufgetaucht, den man sich hätte merken müssen. Mitte des 18. Jahrhunderts erst änderte sich das, als Gotthold Ephraim Lessing, Christoph Martin Wieland und Friedrich Gottlieb Klopstock mit ihren ersten Werken hervortraten. Alle drei hatten schon seit den 1750er Jahren veröffentlicht, erreichten aber in den 70er Jahren den Höhepunkt ihres Wirkens und ihres Ruhms. Lessing hatte 1772 mit dem Trauerspiel Emilia Galotti gezeigt, dass nicht nur das Schicksal mythischer griechischer Heroen, sondern auch das zeitgenössischer deutscher Bürger tragisch sein kann. Wieland hatte 1773 mit dem Agathon den ersten deutschen Entwicklungsroman (in griechischem Gewand) geschrieben. 1774 veröffentlichte Klopstock seine Gelehrtenrepublik, die Utopie einer Gesellschaft, deren Regeln nicht auf Macht, Einfluss und einer seelenlosen Bürokratie beruhen, sondern auf dem vernünftigen Diskurs der Besten und Klügsten (das ist nach wie vor eine Utopie!).

Diese drei waren die Vorreiter, die junge Autoren aufmerksam machten, zu Neuem anregten und begeisterten. Und dann ging es plötzlich schnell, dann kamen die Dichter und Denker plötzlich in hellen Haufen. Es ist gar nicht möglich, all die Gruppen und Grüppchen aufzuführen, die sich in kleinen Residenzstädten, großen Handelsorten, betriebsamen Universitäten oder abgelegenen Landgütern für kurze oder längere Zeit konstituierten und wieder trennten. Ein paar der wichtigsten Strömungen seien hier erwähnt.

Da war zum einen die Empfindsamkeit, deren Vordenker der Philosoph Friedrich Heinrich Jacobi war, der auf seinem Landgut Pempelfort bei Düsseldorf u. a. Goethe, Wieland und die Brüder Humboldt als Gäste empfing. Jacobi definierte den Menschen als in erster Linie empfindendes, erst in zweiter Linie rationales Wesen, und die Dichter der Empfindsamkeit trieben einen wahren Kult mit ihren Emotionen und wurden nicht müde sich in extatischen Ausdrücken der gegenseitigen Freundschaft und Liebe zu versichern (was heute oft eher peinlich anmutet).

Viele dieser Empfindsamen waren auch durch den evangelischen Pietismus beeinflusst, der einen gefühlsmäßigen Zugang zum Glauben suchte, und dem etwa Matthias Claudius in Wandsbek nahestand, oder Heinrich Jung-Stilling, der 1777 seine Autobiographie Heinrich Stillings Jugend herausbrachte, die erste Lebensgeschichte eines Mannes, der aus ärmlichsten Verhältnissen stammte. Auf katholischer Seite gab es den Münsteraner Kreis um die Fürstin Gallitzin, der auch zu protestantischen Dichtern und Philosophen Kontakt hielt.

5

Auf der anderen Seite des Spektrums stand der „Sturm und Drang", so benannt nach einem Drama von Friedrich Maximilian Klinger, der zusammen mit Johann Michael Reinhold Lenz zu den bekanntsten Vertretern dieser Richtung zählt: rebellische junge Männer, die die Boheme-Attitüde selbsterklärter Genies pflegten. Für Miller immerhin war Klinger ein „Halbgott", wie er in Brief Nr. 12 erklärt. Anders als die Empfindsamen kannten die Stürmer und Dränger auch die dunklen Seiten der Leidenschaft und kritisierten soziale Missstände.

Als dritte wichtige Gruppe wäre der „Göttinger Hain" zu nennen, der ofiziell am 12. September 1772 von Studenten der Universität Göttingen gegründet wurde – in einem Göttinger Hain. Die wichtigsten Mitglieder waren Johann Heinrich Voß, L. C. H. Hölty, die Brüder Friedrich Leopold und Christian Stolberg und die beiden Korrespondenten des vorliegenden Briefwechsels Johann Martin Miller und Heinrich Christian Boie. Keine offiziellen Mitglieder, aber dem Kreis nahestehend waren Matthias Claudius und Gottfried August Bürger, der hier auch seine klassische Schauerballade Lenore vorstellte.

Dabei gab es zwischen den Werken der einzelnen Mitglieder große Unterschiede, z. B. haben Höltys schlichte, volksliedhafte Verse („Üb immer Treu und Redlichkeit / bis an dein kühles Grab") nicht viel zu tun mit Voß' weitausladenden Idyllen, die sich an antike Vorbilder und Versmaße anlehnen. Gemeinsam war allen nur der Abscheu gegenüber Wieland und dessen französisierenden Rokokoversen und andererseits die rückhaltlose Bewunderung Klopstocks (dessen Ode Der Hügel und der Hain den Namen der Vereinigung angeregt hatte). Dieser geradezu religiös anmutende Klopstock-Kult ist auch im vorliegenden Briefwechsel spürbar. Besonders Miller scheint seine Bekannten nur danach zu beurteilen, wie sie zum verehrten Meister stehen und versucht, sie in diesem Sinne zu „bekehren".

Neben diesen recht laut auftretenden Gruppierungen gab es in dieser Zeit der literarischen Revolution auch einige leise Revolutionäre (die sich auch gar nicht als solche empfanden). So erschien 1771 anonym der Briefroman Geschichte des Fräuleins von Sternheim, herausgegeben von Wieland, aber nicht von ihm verfasst, sondern von seiner Freundin Sophie La Roche, die in der Folgezeit, ermutigt durch den enormen Erfolg des Buches, zur ersten „hauptberuflichen" Schriftstellerin Deutschlands wurde und damit den Frauen den Weg in die Literatur ebnete.

6

Neben all diesen Halbgöttern und Möchtegerngenies müssen zum Schluss dieses Überblicks noch zwei echte Genies erwähnt werden, die die literarische Revolution der 1770er Jahre wesentlich mitbestimmten, nämlich Johann Wolfgang Goethe (das „von" kam erst viel später) und Johann Gottfried Herder.

Goethes Genialität bestand vielleicht darin, dass er fähig war, alle Entwicklungen seiner Zeit aufzunehmen und zu verschmelzen. Er war mit all den oben erwähnten Personen nicht nur persönlich bekannt, er war auch offen genug, sich von ihnen anregen zu lassen und daraus kreative Energie zu schöpfen. Sein Roman Die Leiden des jungen Werther, 1774 erschienen, wurde zum Kultbuch seiner Generation, weil der Held den neuen Menschentypus repräsentiert, der sich ganz von seinen Emotionen leiten lässt und gegen die bestehenden Verhältnisse aufbegehrt. Aber (und das entging vielen seiner Leser) Goethe lieferte zugleich auch die Kritik an diesem Typus: Werther geht am Ende zugrunde, weil er sich völlig in seinen Emotionen verliert und es nicht schafft, die Vernunft als notwendiges Gegengewicht in sich zu etablieren.

Herder, aus dem heute polnischen Ostpreußen stammend, ist der unbekannteste unter den Großen seiner Zeit, weil die Unmenge an Anregungen, die er mit seinen Ideen in alle Richtungen gegeben hat, von einer Unmenge von Leuten aufgegriffen wurden, ohne dass sich einer dafür bedankt hätte (Goethe hat es immerhin getan). 1778 erschien seine Volkslieder-Sammlung, Jahrzehnte bevor die Romantiker darauf kamen, sie zu sammeln. Für Herder war wichtig, das Volk, also die einfachen Menschen, als schöpferische Kraft zu zeigen. Er entwickelte in dieser Zeit seine Geschichtsphilosophie, die er ab 1784 als Ideen zur Philosophie der Geschichte der Menschheit in mehreren Bänden veröffentlichte, ein gewaltiger Überblick über sämtliche Zivilisationen der Erde, zusammengefasst und zurückgeführt auf einen zentralen Gedanken, dass nämlich die Weltgeschichte eine kontinuierliche Bewegung zur Entwicklung der Humanität sei. Ausdrücklich war Geschichte für ihn nicht die Taten großer Männer, er verachtete die kriegsführenden Heerführer und Staatenlenker als „Henker des Menschengeschlechts". Die treibende Kraft der Geschichte war in seiner Sichtweise die Eigenbewegung der Völker aus ihren jeweiligen klimatischen und kulturellen Bedingungen heraus hin zur Humanität.

7

Auf den kürzestmöglichen Begriff gebracht kann man die literarische Revolution der 1770er Jahre vielleicht auf zwei Punkte reduzieren: Erstens die Entwicklung einer deutschen Literatursprache – was in einer Zeit, in der die Gebildeten sich meist französisch unterhielten und die meisten Gelehrten lateinisch schrieben, keine Selbstverständlichkeit war. Ohne eine allen Schichten zugängliche und verständliche Sprache wäre der Übergang von einer exklusiv aristokratischen zu einer bürgerlich demokratischen Kultur nicht möglich gewesen. Und zweitens die Etablierung eines neuen Menschenbildes, worin der Mensch ein selbständiges, selbstverantwortliches, nach Humanität strebendes Wesen ist, das in sich ein Gleichgewicht zwischen Emotion und Vernunft sucht. Es ist das Menschenbild, auf dem auch unsere Gesellschaft und unser Grundgesetz aufbaut.

Soweit in aller Kürze eine Skizze der (Geistes-)Welt, vor deren Hintergrund der folgende Briefwechsel zwischen Heinrich Christian Boie und Johann Martin Miller geführt wird. Beide Korrespondenten stehen mitten in dieser Welt und ihren Bewegungen. Miller etwa schreibt mit dem 1776 erschienenen Roman Siegwart. Eine Klostergeschichte einen der Bestseller der Epoche, in dem fast das ganze Personal an Liebeskummer dahinsiecht und stirbt – Empfindsamkeit in seiner sentimental-trivialen Ausprägung. Boie scheint diese Art von Sentimentalität nicht behagt zu haben, auch wenn er im Briefwechsel verständlicherweise nur sehr vorsichtig Kritik äußert.

Boie auf der anderen Seite wusste recht gut, dass er kein produktives Talent hatte: „Ich studire die Meister der Kunst, mache aber selbst keine Versuche mehr, da ich überzeugt bin, daß kein Dichter durch Druckwerk und Röhren wird, wie Leßing sagt" (Brief Nr. 20). Sein Verdienst liegt in der Vermittlung, und ist damit sogar ausgesprochen innovativ gewesen: Mit dem Göttinger Musenalmanach, der 1770 im 1. Jahrgang erscheint, hat er praktisch ein neues Format erfunden, das bald nachgeahmt wurde und die Literaturgeschichte nicht unwesentlich beeinflusst hat. Diese Almanache oder Taschenbücher waren jährlich erscheinende Periodika, die jungen Autoren die Gelegenheit gaben, ihre Werke zum erstenmal der Öffentlichkeit vorzustellen und auf diese Weise manche Schriftstellerkarrieren begründeten.

Bis in die Mitte des 19. Jahrhunderts erschienen immer neue dieser Taschenbuchreihen und waren ein wichtiger Teil des Literaturbetriebs. Zur Beschickung seines Almanachs baute Boie ein Netzwerk auf, das den größten Teil der damaligen schreibenden Zunft umfasste und später auch seinem Deutschen Museum zugute kam, das er von 1776 bis 1791 herausgab. Den Musenalmanach 1775 hatte er seinem späteren Schwager Johann Heinrich Voß übergeben.

Heute ist Boie aber nicht mehr als Literaturvermittler und Organisator bekannt, sondern als Briefschreiber. Anderthalb Jahrhunderte nach seinem Tod erschien Boies Briefwechsel mit seiner späteren Frau Luise Mejer unter dem Titel Ich war wohl klug, daß ich Dich fand (zuerst 1961, weitere Auflagen 1963 und 1980), der im Kern eine sehr zarte – und äußerst unsentimentale – Liebesgeschichte ist, aber weit darüber hinausgehend die ganze Welt des 18. Jahrhunderts enthält und ganz gegenwärtig macht. Die Popularität dieses Briefwechsels der Jahre 1776 bis 1786 war so groß, dass 2016 endlich eine kritische Ausgabe in vier (!) Bänden erschien.

Dieser seltsame Nachruhm Boies als Briefschreiber erinnert uns daran, dass das 18. Jahrhundert nicht umsonst das „Jahrhundert des Briefes" genannt wurde, weil der Brief die meistgenutzte Literaturgattung dieses kommunikationsfreudigen Zeitalters war. Jeder, der damals zur gebildeten Schicht gehörte, war Teil eines Brief-Netzwerkes, jeder hatte das Bedürfnis sich mitzuteilen, auszutauschen, Nachrichten weiterzugeben, Gedanken zu diskutieren, vor allem aber, sich unermüdlich gegenseitiger Freundschaft zu versichern. Es macht den Charme dieser Zeit aus, dass sich alles im Gespräch zu entwickeln scheint, einem Gespräch, das von Toleranz und Duldsamkeit geprägt ist und lieber anerkennt als bestreitet, lieber überredet als verbietet, und nichts Schöneres kennt als den sanften Gleichklang befreundeter Geister. In dieser Hinsicht können wir sehr viel von dieser Epoche lernen, und in diesem Sinne lohnt es sich auch, den Briefwechsel zwischen Boie und Miller zu veröffentlichen, denn in jedem dieser Briefe ist wieder das ganze 18. Jahrhundert enthalten.

9

Weiterführende Literatur:

- Karl Weinhold: Heinrich Christian Boie. Beitrag zur Geschichte der deutschen Literatur im achtzehnten Jahrhundert. Halle 1868. Nachdruck Amsterdam 1970. – Enthält auf den Seiten 282-373 die einzige Sammlung von Boies Lyrik.

- Urs Schmidt-Tollgreve: Heinrich Christian Boie - Leben und Werk. Husum 2004.

- Dieter Lohmeier, Urs Schmidt-Tollgreve und Frank Trende (Hg.): Heinrich Christian Boie. Literarischer Mittler in der Goethezeit. Heide 2008.

- Heinrich Christian Boie – Luise Justine Mejer: Briefwechsel 1776-1786. Hrsg. von Regina Nörtemann in Zusammenarbeit mit Johanna Egger. 4 Bde. Göttingen 2016.

- Heinrich Kräger: Johann Martin Miller. Ein Beitrag zur Geschichte der Empfindsamkeit. Bremen 1893.

- Bernd Breitenbruch (Hg.): Johann Martin Miller 1750-1814. Liederdichter des Göttinger Hain, Romancier, Prediger am Ulmer Münster. Ulm 2000.

- Der Briefwechsel zwischen J. M. Miller und J. H. Voß. Hrsg. von Manfred von Stosch. Berlin / Boston 2012.

- York-Gothart Mix: Die deutschen Musenalmanache des 18. Jahrhunderts. München 1987.

I. Einleitung

Das Bestreben Heinrich Christian Boies (1744-1806), literarische Talente zu fördern, und die Ambitionen des Dichters Johann Martin Miller (1750-1814) bilden den Ausgangspunkt ihrer Freundschaft bzw. des vorliegenden Briefwechsels. Anfang der 1770er Jahre trafen sie in Göttingen aufeinander; und beide profitierten von ihrem Kennenlernen. Der Herausgeber Heinrich Christian Boie fand in dem Dichter Miller einen weiteren vielversprechenden Beiträger für seine erfolgreiche literarische Sammlung, den Göttinger Musenalmanach. Miller konnte im Gegenzug in Boies Almanach Gedichte veröffentlichen und schloss wichtige Freundschaften mit den Dichtern des sogenannten Göttinger Hains.[1]

Boie hatte schon mit der Gründung seines Almanachs im Jahre 1769 in Göttingen damit begonnen, junge Dichtertalente zu unterstützen. Der Einsatz für Autoren fand seinen Höhepunkt in der Förderung eines Kreises von jüngeren Dichtern zu Beginn der 1770er Jahre. Boie schrieb am 30. Januar 1772 an den befreundeten Dichter Karl Ludwig von Knebel (1744-1834): „Wir bekommen nachgerade hier einen *Parnassus in nuce*. Es sind einige feine junge Köpfe da, die zum Theil auf gutem Wege sind. Ich suche das Völkchen zu vereinigen"[2]. Dem Kern dieses Dichterkreises gehörten zu dieser Zeit Gottfried August Bürger[3] (1747-1794) und Ludwig Christoph Heinrich Hölty (1748-1776) sowie vermutlich auch Johann Martin Miller an.[4]

Als Miller im Herbst 1770 nach Göttingen gekommen war, um Theologie zu studieren, hatte er noch keine Zeile veröffentlicht. Im Jahre 1771 kursierten lediglich einige Texte in handschriftlicher Form. Er war wohl durch Hölty mit Boie bekannt geworden. Heinrich Christian Boie schrieb 1794 in einem Brief, dass Hölty Bürger im Jahre 1771 aufsuchte, „und Bürger führte ihn zu mir, wie Hölty bald nachher Miller."[5] Miller selbst schrieb rückblickend, dass sein „Klagelied eines Bauren"[6] für seine dichterische Karriere von Bedeutung war: „Dieses Gedicht ist mir

11

eines meiner liebsten, weil ich dadurch mit Herrn Boie, und durch ihn mit meinen übrigen theuren Dichterfreunden in Göttingen bekannt geworden bin."[7]

Mit einem feierlichen Bundesschwur im September 1772 gründeten Hölty, Miller und Johann Heinrich Voß (1751-1826) mit einigen anderen Dichterfreunden schließlich den sogenannten Göttinger Hain. Boie, der bei der Gründungszeremonie nicht anwesend war, wurde als Ehrenmitglied in die Vereinigung aufgenommen.

Als literarischer Mentor brachte Boie Miller und die anderen um ihn versammelten Dichter in Kontakt mit älterer sowie zeitgenössischer Literatur. Er verbesserte Gedichte, die während der gemeinsamen Treffen vorgelesen wurden. Sein Verdienst ist es auch – angeregt durch Johann Gottfried Herders Bemühungen um das Volkslied –, die Mitglieder des Hains zur Dichtung in natürlicher, einfacher Sprache ermuntert zu haben. So erprobte Miller, wie seine Freunde ebenfalls, den sogenannten Volkslied-Ton, „durch den er die Aufmerksamkeit des literarischen Publikums erweckte."[8] Zudem brachte Boie die jungen Dichter in Berührung mit der mittelhochdeutschen Lyrik. Miller berichtete im Nachhinein: „Bürger, Hahn[9], Hölty, Voß und ich fiengen an, um die damalige Zeit die Minnesänger gemeinschaftlich zu lesen und zu studieren. Voll von der Einfalt und Süssigkeit dieser Sänger, ganz in ihre Zeiten zurückgezaubert, versuchten wirs, ihnen etliche Lieder nachzusingen".[10]

Boie schätzte Miller als Dichter durchaus. Er schickte im Frühjahr 1772 Karl Ludwig von Knebel einen Brief, dem er Texte Millers beilegte, und bemerkte, dass dieser „mit der Zeit noch viel Schönes liefern"[11] werde. Im Göttinger Musenalmanach auf das Jahr 1773 erschienen schließlich drei Gedichte von Miller, darunter das „Klagelied eines Bauren". Die nächsten beiden Jahrgänge enthielten dann jeweils über 20 Beiträge von Miller. Damit war er „der fleißigste Lieferant für Boies Almanach."[12] Wie sehr dem Herausgeber Miller als Dichter gefiel, geht aus einer

Äußerung im Juni 1773 hervor: „Millers Lieder sind mit das beßte meiner neuen Sammlung, und werden mir immer lieber, je mehr ich sie lese."[13] Im selben Monat schrieb Boie seiner unverheirateten Schwester Ernestine (1756-1834), dass er daran dachte, seinem Schwager, dem Flensburger Verlagsbuchhändler Peter Willers Jessen (1739-1803?), „eine Samlung Millerscher Minnelieder"[14] zur Veröffentlichung anzubieten. Boie gab zudem in einem Brief an den Bund im Dezember 1773 neben positiven Hervorhebungen von Bürger und Hölty ein Lob Friedrich Gottlieb Klopstocks bzw. aus dessen Umfeld an Miller weiter: „Wenn Sie wüßten, mein Miller, welch ein schöner Mund Ihre Lieder gelobt. Sie würden doch Ihr freundliches Gesicht annehmen. Ich denke noch sogar ein paar Küße in Ihrem Namen einzusammlen, und sie Ihnen zu bringen."[15]

Dennoch betrachtete Heinrich Christian Boie das Schaffen des Dichters differenziert und dachte kritisch über Millers Arbeiten; nachweisbar sind hier spätere Äußerungen. An Millers Dichtungen in Odenform fand Boie beispielsweise keinen Gefallen. Bürger schrieb er im November 1776: „Millern sollt es gar verboten werden Oden zu machen und Alkäische besonders."[16] Boie hatte ebenfalls an Bürger im Juni 1776 wenig wohlwollend über Millers Prosa geschrieben: „Miller hat leyder! zwey Romane geschrieben, die für jeden andern Schwaben vortreflich wären, ich aber nicht von ihm geschrieben wünschte"[17]. Boie meint hier den ersten Teil des „Briefwechsel dreyer Akademischer Freunde" und den ersten Teil des Siegwart-Romans, welche beide wahrscheinlich bereits im April 1776 vorlagen.[18] In seinem oben erwähnten Schreiben aus dem November 1776 bemerkte Boie außerdem gegenüber Bürger: „Millers Mädchen ist seit langer Zeit das beste, was er gemacht. Was sagst du zu seinen Romanen. Ohne Verdienst sind sie nicht, aber – [...]."[19] Heinrich Christian Boie führte seinen kritischen Einwand gegen Millers Prosa – angedeutet mit dem Wort „aber" – in dem Brief an Bürger nicht weiter aus. In seiner Äußerung bezog sich Boie hier auch auf Millers „Beytrag zur Geschichte der Zärtlichkeit"[20].

Wahrscheinlich hatte Heinrich Christian Boie sich gegenüber Miller bereits in einem nicht überlieferten Brief aus dem Sommer 1776 über die ihm zu diesem Zeitpunkt bekannten Prosa-Arbeiten geäußert.[21] Denn Miller zeigte sich in einem Antwortbrief einerseits scheinbar erfreut darüber, dass Boie seine Bücher „gefallen" hatten; andererseits dankte Miller Boie für dessen „Erinnerungen" (Brief Nr. 18 dieser Arbeit, S. 53). Fest steht, dass Boie Millers „Beytrag zur Geschichte der Zärtlichkeit" in seiner Monatsschrift „Deutsches Museum" nicht veröffentlichte, nachdem Miller ihm den Anfang des Textes zugesandt hatte. Miller schrieb in diesem Zusammenhang: „Ins Musäum mach ich noch nichts. Ich schrieb etwas, das Boien nicht gefällt. Mir aber gefällts [...]. Boie hatte auch erst den Anfang davon. Es sind Briefe zweyer Liebenden. Boie hälts für allt[ä]glich; Er verwechselt aber Geschichte mit Sprache u. Empfindung. [...] Überh.[aupt] gewöhnliche Begebenheiten u. Situationen gut und anziehend bearbeiten, halt ich für nüzlicher und besser, als ungewöhnliche Situatt.[ionen] anlegen, die nur zu oft romanhaft herauskommen."[22]

Es sind Äußerungen Millers, Höltys sowie des Hainmitglieds Carl Friedrich Cramer (1752-1807) überliefert, in denen das Missfallen an Heinrich Christian Boies Stellung als Mentor beziehungsweise als Kritiker innerhalb des Hains deutlich wird.[23] Miller selbst äußerte sich in einem Brief aus dem Jahre 1774 an den Grafen Christian Stolberg (1748-1821), der wie sein Bruder Friedrich Leopold (1750-1819) ein Mitglied des Hains war: „Aus Rache gegen Boie thu ich's nicht [es geht um Beiträge für den Göttinger Musenalmanach, die Miller Boie nicht geben wollte], er hat mich nicht beleidigt, ich bin ihm auch im Grunde nicht bös, ob ich wohl seinen übertriebenen Egoismus nicht billigen kann. Hat er doch Vossens Werdomar, worinn er als unser *Anführer* beschrieben ist, an Göthe, Ramler und Knebel geschickt. Denken Sie, *Boie* unser Anführer! Und wir wollen nicht einmal Klopstok zu unserm Haupt!"[24]

Im selben Brief schrieb Miller: „Boie rühmte sich schon mehrmals gegen mich, Gottern und Bürgern *gebildet* zu haben, was wird er sich nicht von uns gegen andere rühmen? Der grösste Theil von Deutschland erwartet im Almanach nur *Probestücke* und *Anfragen* ans Publikum; und was hat endlich der Bund neues, wenn der grösste Theil davon schon gedruckt ist? Ich bin warlich Boien nicht böse, ich würde ihm, wenn ich könnte, von jedem andern die besten Stücke schaffen, ohne Dank zu fordern, nur nicht vom *Bunde*."[25] Einige Zeilen zuvor hatte Miller in seinem Brief geschrieben: „Wir haben hier ein Lustspiel, der *Hofmeister*, lesen Sie es doch und sagen uns darüber Ihr Urtheil! Auch hierüber hatten wir mit Boie Streit, er vergaloppirte sich entsetzlich, doch ich will nichts weiter sagen, um nicht den Schein zu haben, als ob ich Sie um Ihr Urtheil bestechen wollte."[26]

Eine andere Ursache für das zum Teil angespannte Verhältnis zwischen Boie und den Haindichtern liegt in der moralisch radikalen Haltung des Bundes, die zu einer literarischen Fehde mit Christoph Martin Wieland führte, an der Boie sich nicht aufgebracht beteiligte; im Gegenteil: Er suchte zeitweise den Ausgleich und bemühte sich, eine vermittelnde Position einzunehmen. Den Haindichtern missfiel diese mäßigende Haltung. Ein Besuch Boies bei Wieland in Weimar im April 1774 sorgte für Empörung. Miller schrieb im Juni an Voß: „Du bist über ihn entrüstet, weil er Wielanden Cour machte, und wir sind es mit dir; daß er den Hurendichter für einen ehrlichen Mann hält, wirst du nun auch wissen."[27] Eine weitere Äußerung Millers in diesem Zusammenhang gegenüber Christian Stolberg lautete: „Wieland spräche [laut Boie] mit viel Achtung von uns [dem Hain]; was muss doch in Boies Seele Achtung heissen? Doch er sagte ja auch, nachdem er Weiland auf *einen* Tag besucht hatte, er scheine ein guter und vortreflicher Mann zu sein. Boie muss entweder einen Mann auf einmal durchsehen, und daran zweifle ich, oder er sieht gar nicht!"[28]

Unter einem freundschaftlichen Gesichtspunkt hatte sich zwischen Heinrich Christian Boie und Miller zu Beginn ihrer

15

Bekanntschaft allem Anschein nach „kein herzlicheres Verhältnis"[29] herausgebildet. Dies scheint auch für die Folgezeit zuzutreffen. Vergleicht man zum Beispiel die Freundschaft zwischen Johann Heinrich Voß und Miller, so hielt diese zeitlich viel länger an als die zwischen Boie und Miller. Mit Voß vergleichsweise stand Boie – und das wohl nicht allein durch die Heirat mit dessen Schwester Ernestine Boie – zeitlebens in einem engeren Verhältnis.

Vergleicht man den Briefwechsel zwischen Heinrich Christian Boie und Miller beispielsweise mit dem von Boie und Anton Mathias Sprickmann (1749-1833), so ist deren überlieferte Korrespondenz weitaus umfangreicher und erscheint unter freundschaftlichen Gesichtspunkten viel persönlicher.[30] Man kann in Hinblick auf Boie und Miller durchaus von einer lockeren, vielleicht kollegialen, nicht besonders intensiven oder gar innigen Freundschaft sprechen, die ihren Ausgangspunkt im gemeinsamen literarischen Interesse hatte. Dieses war verknüpft mit dem Kontakt zu den gemeinsamen Freunden.

Die gemeinsame Zeit Millers und Heinrich Christian Boies in Göttingen endete zunächst vorläufig mit Boies Reise als Hofmeister nach Spa und in die Niederlande. Sie führte ihn Anfang Juli 1774 aus der Stadt fort. Boie kehrte erst am 20. Oktober des Jahres zurück. Miller hatte Göttingen in der Zwischenzeit am 7. Oktober 1774 verlassen und somit war der gemeinsame Aufenthalt bzw. das persönliche Miteinander vorerst beendet. Miller ging nach Leipzig, wo er nach Wunsch seiner Angehörigen den Magistergrad erwerben sollte.

Der Briefwechsel zwischen Heinrich Christian Boie und Miller setzt möglicherweise mit einem Schreiben Boies vor dem 20. Dezember 1773 aus Hamburg ein (Brief Nr. 1 dieser Arbeit), wobei nicht gewiss ist, ob Boie nur an Miller oder aber an den Bund geschrieben hat. Denn der Brief ist nicht überliefert, Miller schrieb Boie dann am 26. Dezember 1773 (Brief Nr. 2 dieser Arbeit); Boie war zu dieser Zeit noch in Hamburg. Das nächste

16

überlieferte Schreiben ist an Miller nach Leipzig gerichtet (Brief Nr. 3 dieser Arbeit).

Miller kehrte im März 1775 nach Göttingen zurück und blieb bis April. Er verließ dann abermals die Stadt, um nach Hamburg und zu Johann Heinrich Voß nach Wandsbek zu reisen. Im Sommer desselben Jahres kam er wieder nach Göttingen; vom 20. Juni bis zum 1. Juli hielt er sich hier auf, bevor er endgültig über Umwege und verschiedene Stationen nach Ulm zurückkehrte.[31]

Für die Zeit des gemeinsamen Aufenthaltes von Voß und Miller in Hamburg und Wandsbek sind einige wenige Briefe Heinrich Christian Boies an Johann Heinrich Voß erhalten. Aber nur ein überlieferter Brief ist an Voß und Miller gemeinsam gerichtet (Brief Nr. 11 dieser Arbeit, S. 38). Briefe Millers an Heinrich Christian Boie aus diesem Zeitraum sind nicht erhalten. Dennoch hat Miller zumindest zwei Briefe an ihn geschrieben (Brief Nr. 9 und 10 dieser Arbeit).[32]

Anscheinend freute sich Heinrich Christian Boie, im Juni 1775 Miller in Göttingen wiederzusehen. An Voß schrieb er: „Unser Miller kam vorgestern an. Die Freude war groß. Gestern war er bey mir, und hat sich schon halb auserzählt. Hätt' ich bey euch seyn können, oder könnt' ich's bald seyn!"[33] Es war dann auch ein Ausflug mit Miller zu dem Freund Bürger, der seit 1772 nicht mehr in Göttingen lebte, geplant: „Miller u. ich denken Sonnabend herauszugehen, wenn's nicht regnet."[34] Wie oft Heinrich Christian Boie und Miller sich während dessen Aufenthaltes in Göttingen im Zeitraum März bis Juli trafen, ist nicht überliefert. Im Juni, als Miller von Wandsbek nach Göttingen zurückkehrte, sahen sich die beiden laut Miller anfangs kaum.[35]

Heinrich Christian Boies erster Biograph Karl Weinhold sieht eine Erklärung für das Erkalten der Freundschaft nach der Göttinger Zeit in Boies Abweisung von Beiträgen Millers[36] für seine Monatsschrift „Deutsches Museum", wie zum Beispiel die Anfangsfassung von „Beytrag zur Geschichte der Zärtlichkeit"[37]. Weinholds Äußerung, dass Boie nach dem Weggang der

Haindichter aus Göttingen Miller „aus dem Auge"[38] verlor, muss allerdings differenziert betrachtet werden. Immerhin dauerte der Briefwechsel möglicherweise bis ins Jahr 1780 an, wobei nicht gänzlich eindeutig ist, ob Boie zu diesem Zeitpunkt an Miller schrieb (s. Brief Nr. 21 dieser Arbeit bzw. die Anm. dazu). Heinrich Christian Boie hatte als Herausgeber im „Deutschen Museum" im Jahre 1779 die Vertonung eines Gedichtes aus Millers „Siegwart" veröffentlicht, wobei wohl Miller nicht selbst dieses eingeschickt hatte.[39]

Es gibt Hinweise, dass Miller beim Briefeschreiben säumig war, so zumindest aus Heinrich Christian Boies Sicht. Denn dieser schrieb beispielsweise an Voß im Mai 1775 nach Wandsbek: „Ob [...] Miller sein Geld schon hat, das ich ihm am Ende des Aprils schickte, davon sagen Sie mir nichts. Überhaupt führt der Miller im Schreiben sich nicht so gut auf als Sie oder Hölty, dafür soll er auch nur einen halben Grus haben."[40] Auch einige Äußerungen in Briefen von Millers Freunden, wie etwa Hölty, geben ein Zeugnis von dessen Säumigkeit beim Briefeschreiben.[41]

Im Verlauf der Korrespondenz war der Leipziger Verleger Johann Friedrich Weygand (1743-1806) in einigen Fällen ein Mittelsmann für die beiden Briefschreiber. Miller ließ zum Beispiel mindestens zwei seiner Bücher durch Weygand an Heinrich Christian Boie senden.[42] Dieser nutzte ebenfalls den Kontakt, um zumindest einen Brief an Miller über Weygand weiter zu leiten.[43] Eine Äußerung in einem Brief Boies an Miller ist in diesem Zusammenhang erwähnenswert. Im November 1779 schrieb Boie: „Wer ist der Herr Haid, von dem Sie durch Weygand mir einige Male was geschrieben haben?"[44] Ein anderes Beispiel für einen indirekten Kontakt bzw. einen Freundschaftsdienst ist eine Äußerung Heinrich Christian Boies, in der es um die Versendung von Klopstock-Bildnissen geht. Er schrieb im Oktober 1776 an Anton Mathias Sprickmann: „Ich schicke Ihnen auch [...] zwey Bilder von Klopstock, die unser Freund Closen mitzunehmen und Millern von Zweybrücken aus zu schicken die Freundschaft für mich und Voß haben wird. Letzterer bittet mich, sie Millern zu senden, und ich weiß keine beßere Gelegenheit."[45]

Geht man davon aus, dass Brief Nr. 1 an Miller und nicht an den Bund adressiert war und dass Heinrich Christian Boie an Miller im Juli 1780 geschrieben hat (Brief Nr. 21 dieser Arbeit), so wurden 16 bis 17 Briefe zwischen Heinrich Christian Boie und Miller bzw. 4 bis 5 Briefe zwischen Christian Rudolf und Miller von den 21 hier aufgeführten Briefen gewechselt. Denn bei Brief Nr. 17 in dieser Arbeit ist nicht eindeutig, ob Heinrich Christian oder vielmehr sein jüngerer Bruder diesen schrieb. Weitere gegenseitige Briefe der drei Korrespondenten konnten nicht ermittelt werden. Es ist natürlich möglich, dass noch mehr Briefe zwischen Korrespondenten wechselten, die im Laufe der Zeit verloren gegangen sind.

Nach November 1779 bzw. Juli 1780 (Brief Nr. 20 und 21) scheint es keinen direkten Kontakt mehr zwischen Heinrich Christian Boie und Miller gegeben zu haben. Sollte sich Boie gegenüber Miller in dem Brief Nr. 21 erneut kritisch über dessen Romane geäußert haben, wie es nach der Äußerung des gemeinsamen Freundes Christian Hieronymus Esmarch (1752-1820) aus der Göttinger Zeit den Anschein hat, wäre eine Verstimmung Millers in Folge durchaus denkbar. Sie könnte eine Erklärung für kein weiteres Gegenschreiben sein. Esmarch hatte nach einer Begegnung mit Boie notiert: „Er habe, sagte er, an Miller geschrieben, wie er durch seine Bücher mehr Schaden als Gutes gestiftet."[46]

Danach sind noch einige Grußbitten an Heinrich Christian Boie in Millers Briefen an den Freund Voß nachzuweisen; Heinrich Christian Boie und Miller erhielten gelegentlich durch diesen Nachricht voneinander.[47] Ein später Nachhall der Freundschaft findet sich in einem Brief Heinrich Christian Boies an die Familie Voß vom 30. September 1804. Der Schwager Voß hatte mit seiner Frau Ernestine von Ende August bis Mitte September Miller in Ulm besucht.[48] Boie fragte in dem Schreiben seine Schwester: „Wie habt Ihr Millern gefunden? Mich verlangs von dem lieben

19

alten Freunde recht sehr wieder etwas zu hören."[49] Nach Heinrich Christian Boies Tod im Februar 1806 schrieb Miller an Johann Heinrich und Ernestine Voß: „*Boie* ist nun auch aus unserm Kreis in einen seeligern hinüber getreten. Wie innig und herzlich habe ich mit Euch darüber getrauert!"[50]

Heinrich Christian Boies Bruder Christian Rudolf (1757-1795) wurde im Mai 1774 als Theologiestudent in Göttingen eingeschrieben und lebte im selben Haus wie Boie, wo er sich ein Zimmer mit Voß teilte, in der Barfüßerstraße.[51] Christian Rudolf war weder Dichter noch formelles Mitglied des Hains, zeigte aber Interesse am dichterischen Schaffen bzw. an der Übersetzer-Arbeit seines Umfeldes und hat so beispielsweise neben Voß, Hahn und Hölty an dessen Gedicht „Petrarchische Bettlerode" mitgewirkt.[52] Nach dem ersten Kennenlernen schrieb Miller über Christian Rudolf Boie: „Den jungen Boie haben wir noch wenig kennen gelernt; er scheint ein Mensch zu seyn, aus dem man noch machen kann, was man will, nur kein Genie."[53] Christian Rudolf Boie selbst schrieb, nachdem er mehrere Dichter des Bundes kennen gelernt hatte: „Jetzt bin ich schon mit den vortrefflichen Leuten Miller, Hahn, Closen[54], Hölty, Cramer bekannt. Millern, Hahn und Closen gefallen mir am Besten. Miller und Closen haben so etwas Sanftes, Wonnigliches an sich, das gleich gefallen muss."[55]

Der persönliche Kontakt zu Miller in Göttingen dauerte nicht lange, da Miller im Herbst 1774 Göttingen verließ, um sein Studium in Leipzig fortzuführen. Immerhin begleitete Christian Rudolf Boie mit Christian Adolph Overbeck (1755-1821)[56] Miller einen Weg bei der Abreise aus Göttingen; Hölty begleitete ihn bis Leipzig.[57]

Miller ließ Christian Rudolf Boie in seinen Briefen, wenn auch selten, über Voß grüßen. Zudem tauschten Miller und Voß gelegentlich Nachrichten über den jüngeren Boie aus; erwähnenswert ist, dass Christian Rudolf Boie Freundschaftsdienste für Voß übernahm, indem er Gedichte von ihm für Miller abschrieb.[58]

Christian Rudolf Boie verließ Göttingen anscheinend in den ersten Monaten des Jahres 1776, um nach Flensburg zurückzukehren. Er setzte im Herbst des Jahres in Kiel sein Studium fort, nachdem er seiner Familie in Flensburg nach dem Tode des Vaters im April 1776 beigestanden hatte.[59] Seit 1780 war er Hauslehrer in Flensburg und ab 1783 in Kopenhagen.

Christian Rudolf Boie zog schließlich nach Eutin, wo er ab Januar 1789 unter Johann Heinrich Voß, der 1782 die Rektorenstelle übernommen hatte, als Lehrer tätig war. In einem Schreiben aus dem April 1789 teilte Voß Miller mit, dass sein „jeziger College [...] der kleine Rudolf Boieoliscunculus [sei], der sich ehemals als mein Göttinger Stubenpursche auf dem Lehnstuhl wiegte, u[nd] oft rückwärts purzelte. Ein guter College! Er bekam mit einmal Abneigung vor dem Predigerstande, und will lieber schulmeistern."[60]

Voß´ Biograph Wilhelm Herbst beschrieb Christian Rudolf Boie folgendermaßen: „Der treueste Hausfreund von Voss, der Vertaute Ernestinens war ihr Bruder Rudolf Boie, der [...] Jahre lang Zeuge und Theilnehmer des häuslichen und amtlichen Lebens seines Schwagers gewesen."[61] Miller schrieb nach Christian Rudolf Boies Tod an Voß: „Im Hamburger Correspondenten las ich neulich mit Rührung, daß *Rudolph Boie* uns vorangegangen ist. Der Gute, Liebe wird uns eine gute Stätte bereiten."[62] Er war am 16. April 1795 an einem Hodenkarzinom gestorben.[63]

*

21

Der Briefwechsel zwischen Heinrich Christian Boie und Miller liegt mit dieser Edition erstmals geschlossen vor, insoweit die Briefe der beiden Korrespondenten noch erhalten sind. Die Briefe Christian Rudolf Boies sind insofern ergänzend in die Arbeit eingeflossen, da er als Bruder Heinrich Christians eine gewisse Zeit lang unmittelbaren Kontakt zu Miller hatte.

Auch finden sich in seinen Briefen unter anderem Informationen über Heinrich Christian Boie, die in dessen Briefwechsel mit Miller bzw. im Rahmen ihrer Freundschaft eine Rolle spielen. Die Briefe Christian Rudolfs werfen darüber hinaus ein weiteres Licht auf die Dichter des Hains, der ebenfalls im Interessen-Fokus dieser Arbeit steht.

II.　Zur Textwiedergabe

Die Orthographie und Interpunktion der Korrespondenten bleiben weitgehend von der Modernisierung beziehungsweise Normierung unberührt. Konnte in der Handschrift eine Majuskel beziehungsweise Minuskel am Wortanfang nicht eindeutig ausgemacht werden, ist das Wort in der heutigen Schreibweise wiedergegeben, so wie zum Bespiel bei Christian Rudolf Boie in Hinblick auf die Schreibung der Buchstaben F/f bzw. B/b am Wortanfang. Dies gilt auch für die Briefe Heinrich Christian Boies. Das Geminationszeichen, das Miller beispielsweise bei der Schreibung für die Doppelung des Konsonanten m benutzt, wird so ohne Hinweis im Einzelnen als Doppelkonsonant wiedergegeben. Unterstreichungen von Wörtern wurden beibehalten. Die Anpassung an die heutige Schreibweise erfolgte generell behutsam und wurde nicht durchgängig gehandhabt.

Die Wiedergabe der Absätze bzw. der abgesetzten Zeilenanfänge zu Anfang eines Absatzes in den Handschriften ist nicht maßgetreu; sie sind lediglich angedeutet. Das betrifft auch die Abstände zwischen dem Absende-Ort bzw. Briefdatum und der Anrede des Empfängers im Originalbrief. Erläuterungen beziehungsweise Ergänzungen im Brieftext, beispielsweise bei Wortabkürzungen, sind in eckige Klammern [ ] gesetzt. Das Zeichen / zeigt einen Seitenwechsel im Originalbrief an. Der jeweilige Aufbewahrungsort der hier abgedruckten Briefe findet sich in Kapitel V dieser Arbeit (S. 63 ff.).

III. Verzeichnis der in den Anmerkungen abgekürzt angegebenen Literatur

Bernd Breitenbruch: Johann Martin Miller (1750-1814) – Liederdichter des Göttinger Hain, Romancier, Prediger am Ulmer Münster. Ausstellungskatalog zum 250. Geburtstag. Weißenhorn 2000.

Wilhelm Herbst: Johann Heinrich Voß (in zwei Bänden). Bern 1970 (Nachdruck der Ausgabe von 1872).

Walter Hettche (Hg.): Ludwig Christoph Heinrich Hölty: Gesammelte Werke und Briefe. Kritische Studienausgabe. Göttingen 1998.

Heinrich Kraeger: Johann Martin Miller. Ein Beitrag zur Geschichte der Empfindsamkeit. Bremen 1893.

Dieter Lohmeier, Urs Schmidt-Tollgreve, Frank Trende (Hg.): Heinrich Christian Boie. Literarischer Mittler in der Goethezeit. Heide 2008.

Urs Schmidt-Tollgreve: Heinrich Christian Boie. Leben und Werk. Husum 2004.

Manfred von Stosch (Hg.): Der Briefwechsel zwischen Johann Martin Miller und Johann Heinrich Voß. Berlin, Boston 2012.

Karl Weinhold: Heinrich Christian Boie. Beitrag zur Geschichte der deutschen Literatur im achtzehnten Jahrhundert. Halle 1868.

IV. Die Briefe

1.) Heinrich Christian Boie an Johann Martin Miller (?), vor dem 20.12.1773[64]

[Nicht auffindbar]

2.) Johann Martin Miller an Heinrich Christian Boie, 26.12.1773

Göttingen den 26 Dec. 1773.

Laut Ihres Briefes, Liebster Boie[,] sind Sie nun bald 8 Tage in Hamburg[65]; und ich beneide Sie darum; mehr sag´ ich nicht. Da ich Ihnen nichts wichtiges zu schreiben hatte, als höchstens das, wenn wichtig es ist, daß ich keine Verse machen kann, so schwieg ich; und bitte wol geschwiegen, wenn mich nicht ein alter Freund in Portugall[66] aus meinem Traum gewekt hätte. Klopstok bekommt hier das Verzeichnis von 35 Subscribenten auf 36 Exemplare der Republik[67]. Sind Sie damit zufrieden? Wenn Sies[68] mit Berlin sind, so sollen Sie es wol auch mit Lisboa seÿn.[69] Müller[70] schreibt mir nicht viel wichtige, aber doch angenehme Neuigkeiten, besonderes von der Portugiesischen Oper. Wenn ich ihm nicht bald antworten müsste, so sollten Sie den Brief selber haben. Jezt mach ich nur einen Auszug von Sachen, die Subskription betreffend. Procente will er nicht haben, also braucht nichts bezalt zu werden, als das BriefPorto. Die Gelder für die Exemplare soll ich von seinem Bruder[71] einfo[r]dern, den ich noch nicht gesprochen habe. Er wünscht, daß die Exemplare alle geheftet, und einem, von Lübek, oder Hamburg nach Portugall fahrenden SchiffsCapitain gegeben werden; dieser stellt sie öffentlich in die Cajüte, als seine Bücher auf, und Müller fährt, mit den übrigen Subscribenten an Bord, um die Exemplare abzuholen, denn in Lissabon ist die freÿe BücherEinfuhr verboten. Die Sache besser einzurichten, gibt er mir an H. [Herrn] Johannes Schubach[72], oder an H. [Herrn] d. [de]. Matzen[73] Anweisung, die er in Hamburg, als Klopstoks Freunde kennen lernen, und von denen er hofft, daß sie die Sache gern besorgen würden.

Da Sie nun, mein liebster Boie, selbst in Hamburg sind, so könnten Sie, durch mündliche Unterredung mit Einem dieser Männer der Sache die beste Wendung geben. / Wollen Sie dieses thun, und sind Sie in Ihrem Geschäfte glüklich, so wünsch ich, daß Sie mir sogleich genaue Nachricht geben, wie? und was? ich an Müllern schreiben soll. Wer? die Lieferung besorgt; welchem Capitain? die Bücher übergeben werden. Wie? sein Schiff heisst. Wenn? es abgeht u. s. w. Sie wissen dergleichen Dinge besser als ich, und sind in Geschäften schon geübter; also werden Sie alles so genau besorgen, daß ich Müllern hoffentlich ganz sichre Nachricht geben kann.

Sie sehen, liebster Boie, wie erbämlich ich schreibe. Mein Kopf ist so wüste. Als ich gestern Abend nach Hause kam, ward ich mit der Nachricht erschrökt, daß mein bester Onkel[74] krank geworden. Heut ist er Gottlob! wieder ganz gesund. Aber ich habe rasende KopfSchmerzen bekommen, und darum ist mein Brief so schlecht. Der jüngere Graf Stolberg[75] schrieb mir gestern wieder. Seine Mutter[76] ist sehr krank; Sie werden mit mir die edelsten Jünglinge bedauren. Hofmann[77], der Schweizer[78], sizt, zu Büssung

26

seiner lezten Schlägereÿ noch acht Tage auf dem Carcer[79]. Schüz[80] hat endlich das lang gewünschte Consilium abeundi[81] bekommen. Dinge, die Sie schon wissen! Gestern Abend macht´ ich endlich wieder ein Gedicht, auf meines liebsten Vaters Genesung[82]. Wenn es der Bund schon gesehen hätte, sollten Sie es haben; aber es ist noch ungefeilt. Haben Sie die Erfurter Zeitung[83] schon gelesen? Kästner[84] will den Minnesänger R.[85] und Bürgern[86], den BalladenSänger striegeln[87]. Mag er doch! Leben Sie recht wol, geben Sie mir bald Nachricht, und vergessen Sie überhaupt Göttingen nicht! Daß Sie mich auch Klopstoken von ganzem Herzen empfelen, versteht sich!

JMMiller.

3.) Heinrich Christian Boie an Johann Martin Miller, 3.11.1774

Göttingen. 3 Nov. 1774.

Ich war Cramern[88] sehr lange Antwort auf einen sehr langen Brief schuldig – ich sende sie Ihnen, liebster Miller, weil ich nicht weiß, ob er schon in Leipzig ist, sonst hätt ich noch wohl Einen Posttag gewartet, Ihnen zu schreiben, weil ich heute so viel nicht

27

schreiben kann, als ich möchte. Wie unangenehm es mir gewesen, Sie nicht mehr hier zu finden[89] – das braucht wohl unter uns keiner Worte. Hätt ich gekonnt, gewiß ich hätte meine Reise beschleunigt, um Sie noch einmal zu umarmen. Eine Beschreibung davon in nuce[90] hab ich Cramern geschickt, die Sie lesen können, u. ich hier also nicht zu wiederholen brauche. Höltÿ[91] kam gleich nach meiner Zurückkunft, u. konnte mir mehr von Ihnen erzählen als der längste Brief. Künftig wird nicht leicht einer das können, und Sie werden mir schreiben. Wie verlangt mich nun, von Ihnen selbst zu hören, daß es Ihnen wohl geht, u. daß Sie mein Freund sind wie vor! Höltÿ u. Voß sind in Münden[92] schon seit voriger Woche. Morgen erwart ich sie wieder. Ich hab H. [Hölty] alle Vorstellung gethan, sich nicht zu verlieben. Wenn seine Laura[93] nur eine idealische wäre, so könnt's wol seÿn. Nicht wahr? Ich habe mich gefreut, daß Sie Klopstocken[94] hier gesehen. Sie nicht beneidet! Sehn Sie, liebster Miller, das ist doch Ueberwindung! Ich war Karlsruh nahe, u. konnte nicht dahin kommen.[95] Das ging mir aber ans Herz. Wenn ich nun einmal ganz dahin komme, ist er wol nicht mehr da.[96] Ich habe viel Leute unterwegs kennen lernen, die denken wie wir. Unter andern einen trierischen Domherrn zu Coblenz[97], der mich vor freuden umarmte, wie er mich von K. [Klopstock] dem lÿriker reden hörte. In Leipzig wird's der Leute wol nicht geben. Doch erzählen Sie mir was von Leipzig. Ich nehme immer noch vielen Theil daran, weil ich so viele vergnügte Stunden in dem Orte gehabt.[98] Ist Seiler[99] noch da? Sie müßen den Mann kennen lernen, u. seine Frau![100] Wißen Sie was? Gehn Sie gerade zu ihm, sagen ihm, daß Sie mein Freund sind, und daß ich's Ihnen geheißen. Ich liebe beÿde sehr, u. gewiß, der Gang wird Sie nicht reuen. Ist Clavigo[101] schon gespielt? Göthe ist sehr un-/ser Freund,[102] u. Lenz[103] soll's auch werden. Ich freue mich, daß G. [Goethe] mit Klopst. [Klopstock] verbunden ist...[104] Daß Ihr Vetter in Wezlar seÿ, wust' ich nicht, sonst wär ich nicht vorbeÿ gefahrn...[105] Welche Volkslieder hab ich beÿ Göthen gelesen! Stücke, die den besten englischen nichts nachgeben, durch ihn vom Untergange gerettet![106] Und wie

28

glücklich haben Herder u. Merk einen Theil der altenglischen zu den Unsrigen gemacht![107] Herder unter andern das vortrefliche Balow my boy balow[108] so schön, daß es mir nicht zu übertreffen scheint... Im Mspt. [Manuskript] hab ich die ganze Sammlung[109] gelesen. Wenn sie nur erst gedruckt wäre! Leben Sie wohl, mein guter, freundschaftlicher Miller, u. schreiben Sie bald Ihrem

Boie.

Um geschwinde Bestellung des Einschlußes[110] bitt ich. Meine Empfelung an H. [Herrn] Weÿgand.[111]

4.) Johann Martin Miller an Heinrich Christian Boie, 12.11.1774

Leipzig, den 12 Nov. 1774.

Ihr Brief; mein liebster Boie! war mir um so angenehmer, da ich noch kein Recht, ihn zu erwarten, hatte; weil, ich Ihnen selbst noch nicht geschrieben habe. Es wurde mir sehr unangenehm gethan,[112] Göttingen zu verlassen, ohne Sie noch einmal zu sehen, wenn mich nicht die Hofnung getröstet hätte, Sie doch noch einmal an irgend einem Orte Deutschlands zu umarmen; und diese Hofnung wurde jezt noch lebhafter, da Sie Cramern

29

schreiben, daß Sie ihn vermutlich hier noch sehen werden. Sie denken also über Leipzig zu reisen; wenn Sie nach Wien gehen?[113] Thun Sie dieses ja! Auch um meinetwillen bitt' ich Sie. Und wenn Sie denn einmal von Wien zurükreisen, dann geht doch die Reise über Ulm? nicht wahr? – Ihre abgekürzte Reisebeschreibung hat mir Cramer vorgelesen, und ich wünschte weiter nichts dabeÿ, als daß sie ausführlicher gerathen seÿn möchte. Z. E. [Zum Exempel] Sie schreiben, daß Jakobi[114] billig[115] denke, vielleicht billiger als wir – Worinn besteht diese Billigkeit? Vielleicht darinn, daß er, wie er schon so oft that, seine Feinde seegnet, und sie dadurch nur zu beschämen sucht? Wie denkt denn Göthe nun von Jakobi[116]? Für einen grossen Geist kann er ihn doch nicht halten. – Hölty hat mir, seit er von hier abgereißt ist, noch nicht geschrieben, ob er wol versprochen hat, es schon von Nordhausen[117] aus zu thun. Blos seine Reise nach Münden kann ihn noch einigermassen entschuldigen. Ich glaube bald, er reißt im Land herum, sein TraumMädchen im Almanach[118] aufzusuchen, denn er kann ja kaum 4 Tage nach seiner LeipzigerReise, in Göttingen geblieben seÿn. Daß er in der Madam von Einem[119] sein Ideal finden werde, glaub ich eben nicht, da er von ihren Reizen nicht sehr bezaubert sprach, oder war das nur Verstellung?[120] Sie wissen doch wol, daß ich den Conr. [Conrektor][121] und seine Tochter mit Klopst. [Klopstock] und meinen /
Freunden heimgesucht habe?[122] Er freute sich, als ob wir Götter wären; und doch führten wir uns das zweÿtemal ziemlich menschlich auf; Fragen Sie nur Hahn darum? Die Nachricht, daß Voß mit nach Münden gegangen ist, war mir recht angenehm, weil ich daraus den vortheilhaftesten Schluß auf seine gänzliche Besserung machen konnte.[123] Hoffentlich wird er mir nun auch bald schreiben, da ich schon 5 Wochen lang ein Eremit bin.[124] Sie freuen sich über mein Glük, Klopstok so genossen zu haben, und ich bedaure Sie, daß Sie so unglüklich waren, ihn zu verfehlen; Er glaubte ganz gewiß, Sie unterwegs, besonders beÿ Göthe zu treffen.[125] Sie kennen meinen Enthusiasmus für Klopst. [Klopstock] also darf ich Ihnen nicht erst sagen, wie glüklich ich

30

durch den Umgang mit Ihm geworden bin. Sie sind in Absicht auf seine Verehrer auf Ihrer Reise glüklicher gewesen; als ich auf der meinigen. Ich traf den einzigen Michaelis[126], von dem ich schon nach Göttingen geschrieben habe, auf dem Wege an, den wir wandeln; aber das war auch ein Mann nach meinem Herzen. Hier in Leipzig – ja da sieht es dürrer aus, als in einer Sandwüste. Ich verschiebe diese traurige Beschreibung bis ans Ende, und beschäftige mich noch mit Ihrem Briefe. In wieweit ist Göthe unser Freund? In wieweit ist er mit Klopst. [Klopstock] verbunden? Sie wissen doch, daß dieser vom Bunde mit ihm sprechen wollte?[127] Und in solchen Dingen bitt ich Sie künftig recht ausführlich zu seÿn! – Mein Vetter hat mir schon von Wetzlar aus geschrieben, doch Sie haben in Göttingen schon mehr Briefe von ihm, als ich – Auf die Volkslieder machen Sie mich so neugierig; Sie sprechen einem Hungrigen von Speise vor. Wenn nur Göthe seine Sammlung bald herausgibt[128] – Das Lied: Balow my boy[129] war immer mein Leiblied; ich bin also desto begieriger darauf. /

Nach Ihrem Brief an Cramer ist Hahn noch in Göttingen. Wie verlangt mich darnach, zu wissen, ob er diesen Winter da bleiben wird? Nicht aus Neugierde, sondern aus freundschaftlichem Eigennutze möcht ichs wissen. Er versprach mir, erst von Zweÿbrüken[130] aus zu schreiben, weil er in Göttingen zu unruhig dazu seÿn würde. Wenn ich nicht mehr Zeit habe, es diesmal selbst zu thun, so bitten Sie ihn doch, nebst der Versicherung meiner wahrsten Freundschaft um ein kleines Briefchen!

Seiler ist vor 8 Tagen nach Gotha abgereißt. Sein Theater machte mir unendliches Vergnügen, da er gewiß die zween ersten Schauspieler in Deutschland hat, seine Frau und den grossen Ekhof.[131] Ich hätte ihn und einige von seiner Gesellschaft gerne kennen gelernt, aber die Umstände liessen es nicht zu. Sie kennen meine DenkungsArt, und wissen, wie wenig ich vom Courmachen[132] halte. Hätt ich einen Freund wie Sie, hier gehabt, der die Leute schon kennt[133], so wär ich wol hingegangen. Cramer ist da gewesen; er wurde wol aufgenommen, und kam ganz entzükt wieder von Hause; die Seÿlerinn hat mit vieler Freundschaft von Ihnen mit ihm gesprochen. Auf die OsterMesse kommt die Gesellschaft wieder hieher; vielleicht hab ich dann eine schikliche Gelegenh. [Gelegenheit] mit einigen Gliedern derselben bekannt zu werden. Das Theater hat mich so begeistert, daß ich mich einmal eilig hinsezte, ein Drama zu verfertigen. Der erste Akt war in 2 Tagen beÿnahe fertig; seitdem aber ließ ich alles wieder liegen, weil ich mit der Idee nicht mehr zufrieden bin. – Clavigo ist hier von Seÿlern nicht aufgeführt worden, wohl aber, schon vor meiner Ankunft von Döbbelin[134]. Das Stük soll gut aufgenommen worden seÿn. Clavigo d. i. [das ist] Döbbelin sizt noch immer, Schulden halber, hier gefangen. – Den eingelegten Brief hab ich gleich nach dem Empfang, an Schwickert[135] übergeben.

Und nun soll ich Ihnen noch von meinem Aufenthalt / in Leipzig schreiben? Die Statt, mit der umliegenden Gegend, hat mir gleich gefallen, und gefällt mir noch. Aber was ist eine Statt, was die schönste Gegend ohne Leute, die mit mir gleich denken, gleich empfinden? Und dergleichen Leute hab ich noch nicht angetroffen, werd' es auch wol künftig nicht. Cramer ist jezt meine ganze Zuflucht, wenn ich mein Herz ausschütten will, und doch denkt er in manchen Stüken lange nicht so übereinstimmend mit mir, als unsre übrigen Freunde. Ich streite mich noch oft mit ihm, besonders über Lenz und Göthe, die er beÿnah für infallibel[136] hält. Inzwischen ist er doch in den HauptSätzen[137], und besonders über Klopst. [Klopstock] mit mir einig; und das ist schon Trost genug. Wir wohnen, wie Sie wissen werden, in Einem Hause, und sitzen Abends mehrenteils beÿsammen. D. [Doktor] Stein[138], den mir Barkhausen[139] zugewiesen hat, ist ein Mann von männlichem Geschmak, der Klopst. [Klopstock] studiert und liebt, aber seine Geschäfte gönnen ihm nur selten Zeit, mit mir und Cramern umzugehen. Er ist viel in dem Wurfbeinischen, jezt Lükischen Hause.[140] Ein Mag. [Magister] Arndt[141], den ich habe kennen lernen, und der bald D. [Doktor] juris wird, ist beÿnahe ganz von unsern Grundsätzen, und der, den ich noch am wärmsten von der Republik[142] und überh. [überhaupt] von Klopst. [Klopstock] und

32

den übrigen wahren Genies habe sprechen; seine dramatischen Kentnisse sind besonders gut; aber er hat schon so viele, und zum Theil mir widrige Gesellschaft, daß ich ihn erst Einmal besucht habe. – Neefe[143], der Componist einiger Operetten, den ich gestern nebst dem jungen Bach[144] aus Hamburg habe kennen lernen, scheint einen richtigen und männlichen Geschmak zu haben, aber noch kenn' ich ihn nicht genug. Weÿgand[145], mit dem ich in Gesellschaft speise, und der sich gegen mich aufs Freundschaftlichste beträgt, ist, nebst Cramern, mein liebster Gesellschafter, er hat einen sehr guten natürlichen Verstand, und eine ziemliche Belesenheit, die er /

noch mehr ausbreiten würde, wenn ihn die vielen Handlungs Geschäfte nicht zu sehr zerstreuten. Aus dem Verlage, den er sich iezt nach und nach anzuschaffen bestrebt, können Sie ziemlich auf seinen Geschmak schliessen. Er empfiehlt sich Ihnen vielmals. Der junge Dÿk[146] gab sich um meine Bekantschaft Mühe, sobald er hörte, daß ich hier wäre, und hat mich schon einigemal besucht. Er hat einen ziemlich guten Geschmak, einen, nicht gar gemeinen Verstand, und hat besonders den Vorzug, daß er selber denkt, und immer von der Sache überzeugt ist, die er behauptet. Eigentlich hängt er keiner Sekte an, ob er wol sich ziemlich zu der Berliner Schule[147] neigt. Von Jacobi, Gleim, Schmid u. a. denkt er mit uns ziemlich übereins.[148] Wielands[149] schwache Seiten verkennt er gar nicht, ob er wol von seinen guten, oder gut scheinenden mit mehr Wärme spricht, als wir. Von Klopstok denkt er nicht nach unserm Sinn, und so oft ich ihn gesprochen habe, giengs an ein Streiten über diesen Punkt. Als Buchhändler ist er gegen die Republik, aber ich hab ihn schon oft vom Gegentheil seiner Meinung überzeugt, denn wenn wir über ein Werk von Kl. [Klopstock] streiten, so muß dieses immer beÿ der Hand seÿn, um die Beweise aus der Sache selbst zu führen. Dies ist die beste Art zu disputiren, denn in Kl. [Klopstocks] Sache hab ich beÿ derselben immer noch gewonnen – Ein herrlicher Beweis für den Dichter! – Der Gegner wird gezwungen, seine Schriften zu studieren, und, wenn er billig ist, so siegt die gute Sache.

33

In manchen Stüken hoff ich, daß mir Dÿk näher rükken wird, denn, wenn er Gründe gegen sich hat, ist er gar nicht hartnäkig.

Wollen Sie mir wol mit Ihrem nächsten Briefe, das Titelkupfer zum Almanach, Ramlers Bildnis[150], und die Bachische Composit[ion] von Kl. [Klopstocks] Lÿda, die Schlummernde, Mein Lied, und Gluks Jüngling schik[en.][151] /
Ich erhielt zwar hier die Kupfer[152] von Dieterich[153], aber auf vieles Bitten gab ich sie Cramern, beÿ dessen Exemplar sie fehlten; und nun kann ich ds [das] meinige nicht binden lassen. Cramer, der Ihnen nächstens schreiben wird, grüßt Sie. Leben Sie wol mein liebster Boie! Schreiben Sie mir ja recht bald, und einen recht langen Brief! Sie wissen nicht, welch ein Labsal ein frischer Trunk in einer Wüsten ist, und Leipzig ist für einen Bundesbruder eine Wüste! Ich bin mit wahrer Freundschaft der Ihrige
                                                                    Miller.

Klopstock

5.) *Johann Martin Miller an Christian Rudolf Boie und möglicherweise Christian Adolph Overbeck vor dem 27.11.1774*[154]

[Nicht auffindbar]

6.) *Heinrich Christian Boie an Johann Martin Miller, etwa Ende November 1774 bis etwa Mitte Januar 1775*[155]

[Nicht auffindbar]

34

7.) Christian Rudolf Boie an Johann Martin Miller, undatiert im Dezember 1774

Göttingen d.[156] Dec. 1774.

Liebster Miller!

Wie viele Freude hast du uns beÿden durch deinen lezten Brief gemacht. Wie schmeichelhaft ist es für mich, daß du dich meiner noch so freundschaftlich errinnerst. Overbeck hat schon geantwortet, und daß ich später komme, ist blos, weil ich vorigen Sonntag nach Hause schreiben muste. Wie oft denk ich noch an unsern Abend in Nordheim![157] Einen so frohen hab ich seitdem noch nicht gehabt! Da las ich in deinem ganzem Blicke, daß du mein Freund bist, und mit diesem Gedanken bin ich stolz. Overbeck u. ich machten uns gleich auf den Weg, wir heiterten uns damit auf, daß wir dich ums Jahr wieder sehen würden, und kamen spät nach Hause. Deinen Vetter[158] sprachen wir noch einen Augenblick b. [bei] deinem Oncle[159]. Den andern Tag war es auserordentl. leer[160] für mich, ich hofte noch immer, [...][161] einer von euch kommen würde. Halt dein Versprechen doch ja, künftigen Michaelis zu kommen, ich bin schon froh, wenn ich daran denke. Bald wirds sehr einsam für mich werden. Mein Bruder, Voß, Höltÿ gehen fort. Wie gern behielte ich unsern Voß b. [bei] mir, ab. [aber] ich sehe wohl ein, daß in Göttingen nichts mehr für ihn zu machen ist. Ich hoffe, die beÿde werden in Wandsbek[162] sehr vergnügt seÿn, an einem so herrlichen Orte! und ganz freÿ und unabhängig! Was kann man sich Herrlichres

denken? Wenn das schöne Project von Almanach[163] doch erst ausgeführt wäre! Die Schwierigkeiten sind unstreitig größer, als wir uns anfangs vorstellten. Voß muß nothwendig an Klopstocks Collecteurs[164] alle schreiben, denn die Subcriptions Sache ist noch gar zu wenig im Gange. Für Bachs Werk[165] kann mein Bruder hier keinen einzigen Subscribenten kriegen. Gestern kam ein Brief von Klopstock an Hahn. Er ist mit dem Plan zufrieden, und will sich auch nennen laßen.[166] Diderich[167] ist sehr unzufrieden, wie du dir leicht vorstellen kannst. Wenn er ihn nur nicht nachdruckt oder einen andern machen läßt! Die Uebersezungsfabrick ist hier recht im Gange. Diese Woche hat Voß seinen Alembert fertiggekriegt.[168] Holtÿ sitzt jeden Abend bis 12 Uhr, man sieht ihn des Tages fast gar nicht. /
Vor einigen[169] Wochen hab ich traurige Nachricht von Hause gehabt. Du weißt, daß mein Vater schon seit einigen Jahren immer krank gewesen.[170] Lezt brach ihm in der Kirche unter der Predigt ein Geschwür auf. Das Geschwür war[171] an einem gefährlichen Orte, und es musten 3 Schnitte geschehen. Da er so schwach ist, zitterten wir alle für sein Leben. Acht Tage standen wir hier zwischen Furcht und Hofnung. Gottlob! jezt haben wir wieder Nachricht, daß allem Anschein nach[172] die Gefahr überstanden ist. Was mus das für eine schreckliche Erfahrung seÿn, seinen Vater zu verlieren! Einen kleinen Anfang davon hab ich gefühlt, u. Gott seý's gedankt, daß er mich dafür bewahrt hat! In Göttingen werd ich jetzt nicht so lange bleiben, als ich anfangs gedacht. Alle[173] Landskinder sollen, wenn sie ein Amt haben wollen, in Kiel 2 Jahre studiern. Ich bin gar nicht übel damit zufrieden. Es ist ein gar zu froher Gedanke, bald wieder beÿ den Seinigen zu seÿn, und so wie ich voraus sehen kann, wird Göttingen ins künftige wenig Reize für mich haben.

Die Nachricht von den Barden in d. [den] Zeitungen hast du wohl schon gesehen.[174] Sie ist so dumm, daß sogar die Profeßors nicht damit zufrieden seÿn sollen. In d. [den] Zweibr.[ücker] französischen Zeitungen[175] ist sie übersezt, und mit vielen Gemeinörtern über die Eigenliebe, Selbstrache etc. ausgespickt.

Jetzt wird euer Rufen in ganz Europa erschallen, ihr Barden! In Leipzig wird man euch ja vermuthlich schon kennen? – Der Angriff auf <u>Wieland</u>[176] und die Profeßors[177] hat hier nicht so viel Aufsehen gemacht, als ich gedacht hätte. Vielleicht hat man, weil Voß sein Name darunter steht, es gar nicht gelesen, denn[178] kann ja, wie bekannt, niemand verstehen.

Die Assignation du Bürger[179], die du mir gegeben, ist hingeschickt, aber, wie bald du ds [das] Geld kriegst, ist eine andre Sache. Ungefähr vor vierzehn Tagen hat er Hochzeit gegeben[180]. Er ist nur ein einzigesmal eine halbe Stunde beÿ meinem Bruder gewesen.

Lebe wohl, liebster Miller, und erhalte mir deine Freundschaft, du kannst mir keinen größern Gefallen thun, als wenn du zuweilen auch an mich schreibst. Mach meine Empfehlung an Cramern. Ich bin dein dich zärtlich liebender C. R. Boie

Voß läßt grüßen.

[Am Rande hinzugefügt:] Dieser Brief ist acht Tage ohne meine Schuld liegen blieben. Also nochmals Adieu.

8.) Johann Martin Miller an Heinrich Christian Boie, etwa Ende Februar bis etwa Mitte März 1775[181]

[*Nicht* auffindbar]

9.) Johann Martin Miller an Heinrich Christian Boie, April 1775[182]

[Nicht auffindbar]

10.) Johann Martin Miller an Heinrich Christian Boie, wahrscheinlich Ende April 1775[183]

[Nicht auffindbar]

11.) Heinrich Christian Boie an Johann Martin Miller und Johann Heinrich Voß[184], 27.4.1775

Göttingen, den 27sten Apr. 1775.

Wieder nicht viel! Wenn das mit unsrer Korrespondenz so fort geht, wird´s mir sehr kahle werden. Aber gut Ding hat Weile. Wir kommen schon in Gang. Wenn ich auch nichts schreibe, schreib ich doch oft. Eure Briefe, meine Lieben, machten mir große Freude. Ich beantworte sie mit eins. Ich nehme den ganzen Zank wieder zurück, den ich Vossen wegen Nichtschreibens machen wollte. Aber warum blieb auch euer Brief einen Posttag liegen? Wie glücklich seÿd ihr! Ich muß euch lieben, wie ich thue, um euch nicht zu beneiden. Ich Armer size hier wie Yoriks Staar[185]: kann nicht heraus! Und habe Mühe die im Keficht [Käfig] zu

38

halten, die auch nicht heraussollen. Die Grafen[186] werden nun jede Stunde erwartet. Vielleicht kommen sie noch heute. Ich wollt´s dem guten Höltÿ wünschen, der endlich Morgen früh von hier geht. Da wollen wir auch etwas von der Freude haben, die ihr so reichlich gehabt habt.[187] – – – Könnt ich nur meine Bande zersprengen! Sie wissen, wie ich dran arbeite. Noch aber weiß ich nichts mehr. Es ist mir nur lieb, daß Sie wegen des Almanachs was schimmern sehn.[188] Ich hab´s immer gesagt, es würde zu nichts kommen, eh Sie selbst in Hamburg wären. Geben Sie immer Boden die Pferdekaeschte[189]; aber ich dächte, es müsse ein bischen Einleitung voran kommen, da das Stück in ein Wochenblatt soll. Von Weÿgand hab ich einen großen Brief gehabt, und ihn auf einer halben Seite beantwortet. Er muß englische Sachen kommen laßen, wenn er Welche übersezt haben will;[190] daran will er nicht, aber er muß. Mein Brief war hauptsächlich über Oßian, wo wir Gewissheit haben müssen.[191] – Ihnen, liebster Miller schick ich ein paar Briefe, die an Ihren Onkel gekommen sind.[192] Er scheint mit Ihrem Ausbleiben nicht zufrieden zu seÿn, doch wird er sich schon wieder gut machen laßen. Hahn ist nach seiner Art recht munter. Ob er schreiben wird, weiß ich nicht, doch hat er´s versprochen. Noch scheint seÿn Hiersein nicht bemerkt zu werden. Rudolf kann die Stücke nicht finden, und sagt, daß Sie sie selbst mitgenommen haben müßen.[193] – Eben waren Hahn u. Closen[194] beÿ mir. Sie werden nicht schreiben, grüßen aber herzlich. Der Maler (Friedrich) Müller will sich unter den Verf. [Verfassern] des Alm. [Almanachs] nennen laßen.[195] Hahn ist sehr sein Freund, [...][196] lezte Zeit auf´s [...][197] mit ihm umgegangen. Er hat mir herrliche Strophen von ihm vorgesagt. Beßer als alles / was wir noch gesehen haben. Sein Beÿtrag zum Alm. kömmt bald. Lenz hat Dietrich ein Packet geschickt. Die 20 Thl. [Taler] müßen ihn gereizt haben[198]: Dietr. [Dieterich] soll´s nicht zu drucken Lust haben, weil Klopstock sehr darin gelobt ist. Von Gotter[199], denk ich, schaff ich Ihnen auch noch was. Von Ramler[200] hab ich eben einen großen Brief. Er schreibt: „ich hoff es noch zu erleben, daß einige von der göttingischen Pflanzschule[201] Sterne der ersten Größe werden." Ob´s wahr ist, was man hier sagt, daß Lessing mit einem großen Gehalt beÿ der Neuen Akademie in Wie[n] angestellt ist, weiß ich nicht. Er soll sonst zu Hagedorns Nachfolger[202] beÿ der Dresdner Akademie bestimmt seÿn. Ramler schreibt, daß er sage, er hätte nicht mehr Lust fürs Theater zu arbeiten. Blum soll eine Tragödie fertig haben.[203] Das ist alles was ich Neues weiß. Viele Grüße, ihr wißt schon wofür. Ich umarm euch im Geist.

Boie.

Wenn Sie nach Flensb. [Flensburg][204] schreiben, Voß, so legen Sie die Stück Zeitungen für m. [meinen] Schwager[205] beÿ, und, wenn er nach Hamb. [Hamburg] kömmt, oder, wenn Sie noch vorher schreiben, geben Sie ihm einliegendes Billet. Piehl[206] hat gleich beÿ seinem Eintritt in Gießen ein hiziges Fieber bekommen, er liegt sehr gefährlich. Der arme Mann!

Hölty

40

12.) Johann Martin Miller an Heinrich Christian Boie, 26.8.1775

Ulm den 26 Aug. 1775.

Liebster Boie!

Ich hörte von Prof. [Professor] Thiele[207], daß Sie noch in Göttingen seÿen, und jezt da Herr <u>Wagenseil</u>[208] dahin reißt, benutze ich gleich die Gelegenheit, an Sie zu schreiben. Wagenseil ist kein unebener Mensch, freÿlich viel zu sehr schöner Geist und Litterator; aber, wenn das abgeschliffen wird, kann er bes. [besser] werden. Wenn Sie ihm kleine Gefälligkeiten erweisen wollen, so verdank ichs Ihnen. Sie haben lange nichts von mir gehört, aber meine Reise[209], und die darauf folgenden Zerstreuungen müssen mich entschuldigen. Der Mann[210], mit dem ich von Göttingen weg fuhr, wäre mir ein angenehmer Gesellschafter gewesen, wenn ich ihn nur länger hätte geniessen können; aber in Münden, wo ich liegen blieb, verlohr ich ihn schon. Ich sprach viel mit ihm von der Maçonnerie[211], und er denkt sehr billig. Das wichtigste von meiner Reise hab ich Hahn geschrieben, der Ihnen vermutlich meiner Absicht gemäß den Brief vorgelesen hat, denn ich hatte damals nicht Zeit an Sie, und unsre andern Freunde zu schreiben. Auch jezt ist meine Zeit ziemlich eingeschränkt, denn ich muß noch an Klinger[212] und an Wagner[213] schreiben, die noch gar keine Nachricht von mir haben.

41

Wenn ich also nur an Sie allein schreiben kann, so seÿn Sie so gütig, liebster Boie, und entschuldigen mich beÿ Closen, Ihrem Bruder und Overbek! Von Hahn erwart ich Antwort. Spornen Sie ihn doch an! Thiele war sich auch noch als Professor gleich, das ist, ein Hasenfuss. Er hielt sich hier fünf Tage auf, und ich mußte mich dreÿmal in seiner Gesellschaft ziemlich ennuyiren[214]. Merk[215] in Darmstatt hat viel von Ihnen gesprochen. Er hat ja einen Schattenriß von Ihnen gemacht; warum liessen Sie mich den nicht sehen? Haben Sie ein übriges Exemplar, so bitt ich Sie freundschaftlich darum. Merk hatte keines mehr, oder konnt es doch nicht finden. /

Hier in Ulm geht mirs bis jezt herrlich wol. Jedermann liebt und schäzt mich, auch als Dichter, denn Schubart[216] hat in seiner Chronik und in seinen Privatgesprächen viele Leute für mich eingenommen. In ganz Schwaben, in Baÿern, fast in allen schwäbischen Reichsstädten, und auf dem Lande beÿ Grafen und Baronen hat er Klopstoken, und uns alle eingeführt. Ich kann ganz Schwaben durchreisen, und finde an den meisten Orten, auch beÿ Katholiken, Freunde. Nächstens will ich auch mit ihm eine Reise nach Memmingen und Kempten, zweÿ ansehnlichen Reichsstätten machen, wo, wie ich aus den Briefen an Schubart sehe, mich viele mit offenen Armen erwarten. Der Buchhändler Wohler[217], dem ich Abhandlungen, hauptsächlich über die Erziehung, in sein Intelligenzblatt schreibe, hat mich schon ein paarmal spazieren geführt, und ich kann täglich seine Pferde zum Reiten und zum Fahren haben. Kurz, man wetteifert hier, mir den Aufenthalt angenehm zu machen, und Schwaben ist in der Litteratur viel aufgeklärter, als ich dachte. Die Karlsruher, die auf die Kreißversammlung hieher kommen, haben viele Lügen und Verläumdungen gegen Klopstok hier ausgestreut; unter anderm, daß er sehr geizig, in allen Wissenschaften unwissend, und ein erklärter Feind der Philosophie seÿ.[218] Ich habe aber alle diese lächerlichen Aussagen wiederlegt, und in der Seele meiner Freunde sein göttliches Bild wieder rein und unentweÿht aufgestellt.

Noch hab ich hier von keinem unsrer Freunde eine Zeile erhalten, und von den meisten weiß ich gar nicht, wo sie sich jezt aufhalten. Z. E. [Zum Exempel] von Voß, von Leise-/witz und Höltÿ.[219] Sie, liebster Boie, werden mehr von ihnen wissen, daher leg ich die Briefe an sie in den Ihrigen, mit der Bitte, sie meinen Freunden, sobald als möglich unfrankirt zuzuschiken, damit ich bald von ihnen Nachricht erhalte. Ich hab einige kleine Lieder hier gemacht, die ich, auf sein Verlangen, Herrn Doktor Weiß[220] zur Komposition schike. Er wird sie Ihnen mittheilen, wenn Sies lesen wollen, denn dießmal ist mirs nicht möglich, sie gedoppelt abzuschreiben, da ich noch so viele Briefe schreiben muß. Schreiben Sie mir doch Neuigkeiten! und von Klopstok, wo er ist? ob er mir nicht geschrieben hat? u.s.w. Grüssen Sie Dohm[221] und Barkhausen[222]! Noch kann ich ihnen nicht schreiben. Umarmen Sie alle unsre Freunde aufs Zärtlichste! haben Sie Stolbergs Freÿheitsgesang[223] schon? Er hat das überherrliche Stük an Klingern geschikt. – Klinger ist ein Halbgott. Ich war 8 Tage beÿ ihm.[224] Auch aß ich einmal beÿ Höpfner[225], wo wir viel von Ihnen sprachen. Es ist ein guter Mann. Ist Ihr Schiksal nun entschieden?[226] Ich nehme vielen freundschaftlichen Antheil daran. Wissen Sie nicht, von wem Masuren oder der junge Wehrter, ein Illÿrisches Schauspiel[227] ist? Das Stük soll sehr auszeichnend seÿn, wie Schubart sagt. Ich schriebe Ihnen gern noch mehr, aber meine Zeit wird immer eingeschränkter. Leben Sie wol, liebster Freund! Ich bin ganz der Ihrige

Miller /

Schreiben Sie mir doch ja bald! Dann antwort ich Ihnen ausführlicher. Meine Addresse ist: <u>Kandid.[at]</u>[228] <u>Miller beÿm Zeugmacher Moser in der Pfauengasse</u>. – An meiner Schwester[229] fand ich ein braves deutsches, ganz natürliches Mädchen. – Schreiben Sie mir über <u>Nürnberg</u>, da gehn die Briefe am geschwindesten und richtigsten.

Göttingen. Den 9ten Okt. 1775.

Tausend Dank für Ihren lieben, freundschaftlichen Brief, mein guter, bester Miller. Ich war schon recht übel auf Sie wegen Ihres Stillschweigens zu sprechen, und zweifelte, wie ich denn eben damals alles um mich ziemlich schwarz ansah,[230] beÿnahe schon an Ihrer Freundschaft. Ich will solche Gedanken nie wieder faßen, und bin der Ihrigen so sicher, wie Sie, hoff ich, der Meinigen sind. H. [Herr] Wagenseil ist beÿ mir gewesen. Meine äußerst verdrüßliche und unangenehme Lage hat mich bisher verhindert, mich um ihn zu bekümmern; ich will ihn aber nun aufsuchen, und ihm gern alles zu gefallen thun was ich kann. Endlich ist die englische Geschichte aus,[231] und das schlimmste ist erfolgt, was erfolgen konnte. Ich habe für 800 Rth. [Reichsthaler] ein Papier in Händen, das nach dreÿen Jahren vielleicht bezahlt wird, und vielleicht auch nicht. Warum bin ich aber auch so Wenig intreßirt gewesen? An mich selbst hätt' ich zuerst denken sollen, sagen alle Leute hier. Das ist mein Trost? Aber ich verlange ja keinen. Ich klage ja nicht! Ich werde nächstens meine Bücher verkaufen. Wenn ich nur bezahlen kann, was ich schuldig bin, sorg ich weiter nicht. /

Meine Hand kann mich erhalten, wenn's der Kopf nicht kann. Ich überseze allerleÿ,[232] und – was sagen Sie zu der Kühnheit? – fange mit Dohmen ein neues Journal[233] an, davon ich Ihnen den Plan überschicke, Sie Theil daran zu nehmen, Ihre Freunde dazu zu vermögen, und es in Ihren Gegenden bekannt zu machen, bitte. Ich hoffe, die Idee wird Ihnen nicht mißfallen. Mit der Zeit denk ich soll die Schrift ganz deutsch seÿn, und viel zur Ausbreitung allgemeiner Vaterlands-Liebe und deutscher Gesinnungen beÿtragen. Ich rechne auf wichtigen Beÿstand, und habe schon viel gutes in Händen. Hier unterstüzt mich alles, wovon ich unterstüzt seÿn mag. Gedichte will ich von Ihnen nicht, liebster Freund, wenn Sie nicht einmal etwas haben, was für den Almanach zu groß ist. Fakta, Nachrichten u. s. w. sind die Hauptsachen.[234] Umsonst verlang ich nichts. Wenn die Sache durchgeht hoff ich sogar mit der Zeit sehr gut bezahlen zu können. Intereßiren Sie Herrn Schubart, dem ich mich empfehle, dafür. – – – Ich habe von Graf friz [Stolberg] einen Brief, darauf ich die Antwort beÿschliesse. Haben Sie die Güte, sie weiter zu befördern.[235] Sie kommen nicht auf Göttingen, wohl aber auf Ulm. Glücklicher Miller! /
Den freÿheitsgesang bekam ich bald nach Ihrer Abreise. Es ist Meisterwerk. Und ein Gedicht an einen felsstrom[236] steht von ihm im Alm. [Almanach] das es eben so sehr ist. Ich bin ganz berauscht von beÿden. Merks Schattenriß von mir ist gar nicht ähnlich. Ich hab ihn noch nicht lange. Daß es Ihnen in Ulm so wohl geht, ist mir lieb. Ich hatt immer guten Mut. Es konnte nicht anders seÿn. Klopstock ist noch immer in Hamburg, und arbeitet, wie ich höre, fleißig an der Republik[237]. Schreiben thut er nicht. Hahn ist seit vier Wochen beÿ ihm; darum schreibt er nicht. Voßens Alm.[238] ist fertig; er selbst ist in flensburg[239]. Ich armer dacht auch zu reisen, und die Meinigen[240] zu umarmen, aber ich size hier, und Gott weiß! wie lange noch. Litterarische Neuigkeiten weiß ich gar nicht. Seit Monaten hab ich nicht den Mut gehabt, Briefe zu schreiben und zu beantworten.[241] Das Schauspiel

Masuren nennen Sie mir zum erstenmale. Wagner[242] soll auch eins geschrieben haben, das gut ist. Leisewizens Stück hat den Preis in Hamburg.[243] Klinger hat Kraft, Gefühl und Genie. Wenn er nur nicht so sehr der Unregelmäßigkeit nachjagte. Göthe, hör ich, schreibt wieder was über den Münster.[244] Lenz eine Satire.[245] Herder wird nun wohl doch hieher kommen.[246] In meinem nächsten Briefe schreib ich Ihnen die Gewißheit. /

Wenn Sie Gelegenheit haben, so sehen Sie den vortreflichen Gemmingen[247] in Studtgard, und seinen freund Huber[248], in deßen Versuchen mit Gott zu reden doch immer manche schöne und große Stelle ist. Ihre Schwester machen Sie ja auch zu meiner freundin, so wie meine Schwester die Ihrige ist.[249] Was sagen Sie zu dem lieben Mädchen Rosalia?[250] Dietrich[251] hat eine dumme Erklärung wider Voß drucken laßen, und ich habe, wie ichs ihm vorher sagte, geantwortet. Das ist izt das algemeine Gespräch der Stadt pro und contra. Voß hätte mir und sich den Verdruß ersparen können, wenn er mir gefolgt wäre, u. die Stelle wegen der 20 Th. [Thaler] nicht in seine Nachricht gesezt hätte. D. [Dieterich] soll, wie ich eben höre, auch eine wider mich haben drucken laßen.[252] Mag er doch! Ich habe sie noch nicht gesehen. Leben Sie recht wohl, bleiben Sie mein freund, und schreiben Sie mir bald. Ihre Briefe sind besorgt. Der Ihrige B.

14.) Johann Martin Miller an Christian Rudolf Boie, am 27. Januar 1776[253]

[Nicht auffindbar]

15.) Christian Rudolf Boie an Johann Martin Miller, 4.2.-14.2.1776

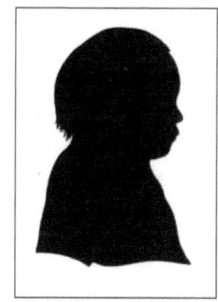 

Göttingen d. <u>4 Febr.</u> 1776.

Deinen lezten Brief, liebster Miller, habe ich schon vor acht Tagen erhalten, aber du must mir verzeihen, wenn ich ihn erst jezt beantworte. Die Ursache ist ganz besonders, mir waren beÿ einem Ritt die Finger verfroren. Vielen, recht vielen Dank sollst du für ihn haben. Wir[254] waren so sehr begierig Nachrichten von dir zu erfahren, denn, du must es selbst gestehn, ein bischen öfterer hättest du wohl schreiben können. Wie sehr freut's mich, daß du in Ulm so vergnügt bist! Aber in einer Lage, worin du bist, beÿ einem solchen Mädchen[255], wer müste da auch nicht vergnügt seÿn! So gut wird's uns hier nicht. Ich kann nicht sagen, daß ich in Göttingen sehr vergnügt bin, und es freut mich in voller Absicht, daß ich nicht lange mehr hier s[ein[256]] werde. Nur acht Wochen, so sehe ich alle die Meinen wieder. Wie lebhaft ist mir diese Zeit, und wie sehr heitert sie mich auf, wenn ich anfange verdrieslich zu werden! Mein Bruder ist endlich so glücklich geworden, ein gewißes Brod zu erhalten. Er ist, wie du weißt, Stabsekretair in Hannover geworden, hat des Jahrs 700 Thaler, u. zu mehrern Hofnung[257]. Seine meisten Geschäfte sind, mit den Generals die Correspondenz zu führen, er steht unter keinem Minister, als blos unter dem Generalfeldmarschall.[258] Viel zu thun hat er nicht, denn die meiste Zeit hat er den Nachmittag für sich. Du siehst also, wie sehr wir Ursache haben, uns zu freuen, und dies kam so sehr unerwartet. Noch ist er hier, er erwartet aber

47

nur einen Brief, um sogleich wegzugehen. Er grüßt dich sehr, du wirst ihn entschuldigen, daß er dies noch nicht schreibt, denn er hat so vieles in Ordnung zu bringen. Wenn du ihm schreibst, so thust du am besten, mir /

den Brief zu schicken, so bekommt er ihn doch gleich. Sein Museum[259] wird dabeÿ keinen Schaden leiden. Wie gefällt dir die Einrichtung und das erste Stück? Das zweÿte wird bald da seÿn. Für das dritte Stück hat er auch schon herrliche Sachen, unter andern eine Skize der Moral von Schloßer.[260] Beÿ den vielen Beÿträgen, die er hat, wird er gewis viel leisten könnnen. Bürger ist jezt sehr fleißig. Er arbeitet stark an seinem Homer[261], und macht Gedichte aller Art, Balladen, Erzählungen, Epigrammen, Lieder, darunter einige sehr schön sind. Er arbeitet an einer großen Ballade, der Kindermord, die wie mein Bruder sagt, Leonore [Lenore] übertreffen soll. Den Raubgraf, der in Voßens Almanach sollte, ist liegen geblieben.[262] Nach deinen Liedern, lieber Miller, bin ich sehr begierig. Du must sie uns ja bald schicken. Von Voß erfahren wir nicht viel, aber das wißen wir, daß wir ihn im Merz mit Claudius[263] sehen werden. Das soll eine herrliche Zeit seÿn. Den vortreflichen Wlenn[264] habe ich noch gar nicht gesehen. Voß wollte schon vor Weihnachten kommen, aber das wäre in der schlechten Jahreszeit für seine Gesundheit nicht zuträglich gewesen. Der Almanach[265] geht stark ab, und würde noch stärker gegangen seÿn, wenn genug Exemplare da gewesen wären. Hahn befindet sich seit[266] seiner Reise nach Hamburg beßer, als vorher.[267] Er hat seine mürrische Laune gar nicht, oder doch selten. Das Versemachen scheint er ganz abgeschworen zu haben, aber zur Theologie hat er sehr viel Lust. Daß er nicht schreibt, wirst du ihm nicht verdenken. Er und Closen laßen dich sehr grüßen. Overbek ist sehr still und geht wenig aus. Mit seiner Gesundheit ist es doch etwas beßer. Er hat wieder etwas aus dem Almanach komponirt, und sehr gut[268]. D. 14. Febr. Fast schäme ich mich, einen so kurzen Brief so oft abgebrochen zu haben. Closen sagte immer, er wollte mit schrei- /

48

ben, und endlich ist doch nichts daraus geworden. Ich bitte recht sehr um Verzeihung. Mit meinem Bruder hat sich in dieser Woche nichts geändert, aber von Voß hatten wir heute einen Brief, daß er nicht mit Claudius kommt. Es ist ihm zu kalt und zu theuer. Er macht jezt mit Claudius die Abschiedsvisite beÿ Gerstenberg[269] und Claudius seinen Verwandten. Von Klopstocks bildnis[270] hat Voß eine Menge [?] Exemplare geschickt, aber ich zweifle, ob eins abgesezt wird. Was Vos [sic!] auch sagen mag, kann ich so viele Aehnlichkeit nicht darin finden. Sprickmann[271] aus Münster ist jezt hier. Er bleibt hier einige Zeit, um deutsche Geschichte zu studieren. Er will auch eine Reise nach Hamburg thun. Ich habe ihn nur einmal gesehen. Er schreibt sehr wenig, hat aber etwas an sich, das gefällt. Er ist gros und breitschultrig, und sieht aus, wie ein Mann in seinen besten Jahren.

Von Göttingen weis ich dir wenig zu schreiben. Wir kriegen jezt neue Theologen. Koppe[272] aus Mietau ist schon hier, und Profeßor ordinarius geworden. Herder kommt, wie noch immer gewis gesagt wird, auch, und wird Doctor Theologiä.[273] Wenn er kommt, sind die Theologen gewis nicht daran schuld. Sie[274] haben sich sehr gegen ihn gestreubt, wie ich wenigstens von Leß[275] weiß, von dem ich´s am wenigsten[276] vermuthet hatte[277]. Er wird freÿlich mit den hiesigen Theologen einen sonderberen [sic!] Contrast machen. Feuer und Enthusiasmus ist man am Göttingschen Profeßor nicht gewohnt. Leß will sich mit eines Mediciners Witwe in Strasburg verheirathen. Vermuthlich hat er sich also auf der Reise verliebt. Aber ich fürchte, daß es eine bloß Satire ist. Ich höre jezt viel beÿ Leß, und doch gefällt er mir so besonders nicht. Beÿ einzelnen Materien in der Moral gefällt er mir recht gut, aber zuweilen ist er unerträglich langweilig, u. wiederholt sich so oft. Als Exeget nimmt er fast alles von Michaelis[278] an, überhaubt scheint er mir wenig eignes zu haben. Die Art, wie die leute die Wunder aus dem Alten Testament wegerklären, ist sonderbar. Elias Himmelfarth läßt Leß doch noch[279] stehen, aber Michaelis nicht. Auch hat er eine neue Erklärung von der Sündflut gegeben, beÿ der alles

hübsch natürlich zugeht. Michealis erklärt diesen Winter den Jeremias[280], doch hier kann ich ihn nicht anders als rühmen. Freÿlich ist man beÿ seinen Arabischen Erklä-/
rungen eben so ungewis als vorhin, aber im Ganzen[281] giebt er doch viel Licht. Die Kirchengeschichte beÿ Walch[282] ist mir nicht so unangenehm als ich gedacht hatte. Zuweilen hört man ihn recht gern, und seine große Kenntnis in dem Fach leuchtet allenthalben hervor. In Kiel[283] werde ich sehr gute Theologen vorfinden. Wenn ich nur Gelegenheit hätte, da orientalische Sprachen zu lernen, als dann könnte ich in Erklärung der Bibel mir selbst mehr helfen. Hier habe ich es theils im Anfang versäumt, theils wars, weil Michaelis nur des leidigen Geldes willen, alles so langehinzieht, nicht möglich.. [sic!] Die Bibel, sehe ich immer mehr ein, ist wirklich so schwer nicht, als sie von den Exegeten gemacht wird. Wenn man sie mit Aufmerksamkeit und wie ein ander Buch liest, dringt man eben so gut in den Sinn hinein, als wenn ein Profeßor etwas herschwazt, und dann zeigt sich das ungereimte u. abgeschmackte gewißer Erklärungen von selbst. Ans Predigen habe ich mich noch nicht gewagt, und fürchte, daß ich mich noch lange nicht daran wagen werde. Nach der Idee, die ich mir davon mache, mus es etwas sehr schweres seÿn, ein guter Prediger zu werden. Ich werde noch mehr dadurch abgeschreckt, daß ich so wenige Predigten gehört habe, die mir gefallen. Aber die erste Probe mus doch gemacht seÿn.

Von meiner Schwester Ernestine soll ich dich sehr grüßen. Sie wird dir gewis bald schreiben. Freue[284] dich mit mir, liebster Miller. Wir haben jezt die gröste Hofnung, unsern Vater wieder gesund zu sehen. Wie viel hat der liebe Mann ausstehen müßen! Es ist schon über ein Jahr, daß er nicht aus dem Hause gewesen ist. Einmal[285] zweifelten wir an seinem Leben, und jezt danken wir Gott desto herzlicher. Reinhold[286] wird Ostern wieder nach Leipzig reisen, vielleicht reise ich mit. Darüber würde ich mich sehr freuen.

Wenn ich noch länger Zeit hätte, würde ich mehr schreiben, aber so hast du genung [sic!] gewartet. Vielleicht schreib ich bald

50

noch einmal. Von dir erwarte ich einen Brief, wo nicht in Göttingen, doch wenigstens in Kiel. Da sollst du meine Adreß. schon zu wißen kriegen. Lebe wohl, mein Bester, und liebe mich so sehr, als ich dich liebe.

C. R. Boie.

Ernestine Voß

16.) Heinrich Christian Boie an Johann Martin Miller, vor dem 26.6.1776[287]

[Nicht auffindbar]

17.) Christian Rudolf Boie (?) an Johann Martin Miller am 11.8.1776[288]

[Nicht auffindbar]

51

Ulm, den 11 Jan. 1777.

Liebster Boie!

Herr Baron von Schaffalitzkÿ[289] wird Ihnen diesen Brief übergeben. Er ist ein braver Mann und mein Freund; aber unverschuldetes Schiksal treibt ihn bis nach Dännemark, um dort Kriegsdienste zu suchen. Wären Sie im Stand, ihn im Hannöver. [Hannöverischen] zu emploÿiren[290], ich weiß, Sie thätens aus Liebe zu mir, u. zugleich begingen Sie eine edle That.

———————

Blos Geschäfte und Zerstreuungen u. dieß und jenes, und nicht Mangel an Liebe, verzögerten bisher meine Antwort auf Ihr liebes Schreiben[291]. Sie wissen ja, wessen Freund ich Einmal bin, deß bleib ichs ewig. Aber für Umstände und Verhältnisse, die uns oft eine Zeitlang von unsern Liebsten trennen, können wir nicht.
Es freut mich herzlich, daß die Stunde Ihrer Ruhe endlich auch gekommen, u. daß Ihre Lage Ihren Wünschen so sehr angemessen ist. Nicht wahr, man wird des ewigen Herumtreibens unter Menschen, ohne einen Punkt zu haben, von dem man sagen kann, hier bleib ich, endlich müde? Nichts ist süsser, als

Erfüllung bestimmter Geschäfte, da man sagen kann, wann sie gethan sind, nun gehör ich mir, und bin mein eigner Herr! Aber wenn man jedem und Keinem angehört, da wird das Herz ewig von Wogen hin u. her getrieben, und hat niemals keine Rast. Ich wünsch Ihnen nun nichts mehr, als ein Weib, das Sie lieben, und das Ihre Liebe ganz erwiedert. Wers so weit gebracht hat, um dessen Hütte herum mags toben und stürmen; Seine Seele bleibt sich gleich. /

Mir ist auch noch immer in meinem Schwaben herrlich wohl; u. das dank ich meinem lieben Gott und dem herrlichen Mädchen[292], und den Freunden, die Er mir fern und nah gab. Hab ich endlich vollends ein Amt, das ich, vielleicht bald, vielleicht spät bekommen kann, und ist die Fromme, die mich über alles liebt, so wie ich sie über alles liebe, mein Weib, dann erwart ich weiter keine Seeligkeit, als die im Himmel, die auch uns und alle unsre Lieben wieder zusammenbringen wird, daß wir da den ewigen Bund feÿren.

Es freut mich nicht wenig, daß Ihnen meine Bücher gefallen. Der zweÿte Theil von Siegw. [Siegwart][293] den ich Ihnen durch Weÿg. [Weygand] schikte, wird Sie hoffentlich noch mehr gefreut haben. Auch dank ich für Ihre Erinnerungen, die ich zum Theil ganz gegründet finde. Der Briefw. [Briefwechsel][294] hat seinen und meinen Endzwek erreicht, wenn gleich die Erfindung dran nicht weit her ist; Er wird auf manchen Universitt. [Universitäten] fleÿsig gelesen, und nach seinem Zwek beurtheilt. Ich sez ihn fort, mehr aus NebenUrsachen[295], als weil mich mein Herz dazu getrieben hat. Da mir schon manches dran mißfällt, so wird Ihnen noch weniger drinn gefallen; Und doch weiß ich, daß die Fortsezung auch manches Gute und nichts Böses würken wird. Und deßwegen wird michs nicht gereuen, sie ge-/
schrieben zu haben, mögen auch Kritiker dazu sagen, was sie wollen. Mir ists immer mehr um stille Würkungen, als um Ruhm und lautes Lob zu thun. Alle Leser des Brief wechsels haben mich versichert, daß Sie nicht aufhören konnten zu lesen, bis ans Ende. Also muß er doch anzügliches[296] genug haben, wenn Sie

53

gleich das Auffallende u. manches in der Einkleidung dran vermissen u. mit Recht vermissen. Viel Gutes an einer Sache ist mir oft mehr wehrt, als gänzliche Vollkommenh. [Vollkommenheit] die so selten u. mehrentheils so unmöglich ist. Michaelis[297] hat sich allerdings über mein Urtheil geärgert, u. es meinen Onkel auch fühlen lassen. Aber dieser hat sich nichts drum zu bekümmern u. ich noch weniger. Ich sagte die Warheit, und zwar eine Warh. [Wahrheit] die für Michaelis und seine Zuhörer heilsam seÿn kann.

An Nonnenlieder[298] dacht ich beÿm Siegw. [Siegwart] wohl, aber ich ließ sie heraus, weil ich damals glaubte, meiner Ruhe wegen gänz. [gänzlich] verschwiegen bleiben zu müssen. Jetzt ist mein Name überall bekannt, und ich habe mir aller Orten, auch in Ulm mehr Freunde u. Lob, als Verdruß damit erworben. Man ehrt u. liebt mich hier auch Siegwarts wegen. Jedermann will ihn lesen. Bekannte u. Unbekannte schreiben mir drüber u. danken. In Schwaben wird das Buch zweÿmal nachgedrukt. In Ulm allein sind an die 100 Ex. [Exemplare] bestellt u. verkauft. /

Des bisher gesagten ungeachtet dürfen Sie doch glauben, daß ich ummso mehr nach Vollkommenh. [Vollkommenheit] ringe, u. gewiß auch noch höher steigen werde.

Mein Beÿtrag[299], hat Ihnen mit Recht das schlechteste unter den dreÿen geschienen. Und doch hab ich ihn, aus oben angeführten Gründen, druken lassen. Der Erfurter Rec. [Rezensent][300] der aber beÿ alledem ein muthwilliger Knabe ist, hat ihn schon zum schlechtesten Buch herab gewürdigt; Und doch hab ich schon 2 oder 3 Würkungen davon erfahren, um deren willen ich um vieles Geld das Ding nicht möchte ungeschrieben wissen. Was gehn mich Recensenten an? Ich schreibe für Leser, u. den Beÿtrag schrieb ich für Mädchen, die auch, wie ich schon von manchem[301] weiß, viel gutes draus lernen u. ihn mit Antheil lesen u. – mit Nuzen.

Höltÿs Tod hat mich sehr geschmerzt.[302] Ich hab etwas über seinen Charakter der Chronik[303] beÿgelegt, auch in die Chronik ein Gedicht[304] gemacht, welches Sie vielleicht beÿdes, nebst der

54

Veranlassung zum Gedicht beÿ Herausgabe von Höltys Liedern benuzen können, wenn Sie wollen.[305] Höltÿs Charakter hat vielen u. auch Lavatern Freude gemacht.[306] Haben Sies nicht u. wollen Sies, so kann ichs Ihnen schiken.

Und nun ist Closen[307] auch todt. Ach Gott!!
Ist Leiswiz beÿ Ihnen, so grüssen Sie ihn herzlich, u. mahnen ihn, daß er mir <u>doch endlich</u> schreibe!

Die Anekdoten zu Wehrters Leiden[308] hat <u>Kaiser</u>[309] geschrieben u. nicht Göthe. Wer sie gemacht hat? weiß ich nicht. Das Mus. [Deutsche Museum] erhält sich noch immer gröstentheils herrlich. Aber in unsern Gegenden ists zu theuer. Nachgedrukt wirds beÿ uns nicht. Schubart u. Köhler[310] grüßt Sie herzlich. Lieben Sie mich, und schreiben mir bald!

Ewig
der Ihrige
JMMiller

Von Hahn weiß ich nichts, als daß er Closen in G. [Göttingen] noch besucht haben soll.[311]

19.) Heinrich Christian Boie an Johann Martin Miller, 10.4.1777

Hannover. Den 10=ten Apr. 77.[312]

Nicht aus den Händen des Herrn von Schaffalitzkÿ, sondern durch die Post, hab ich Ihren Brief vom 11ten Jan. erst vor wenigen Tagen bekommen, mein liebster Miller, und antworte gleich, damit Sie mir mein Stillschweigen nicht zurechnen, wie ich in Gefahr war es mit dem Ihrigen zu thun. HErr Weÿgand, dem ich den Brief schicke, wird vor oder in der Meße[313] schon eine Gelegenheit finden, ihn weiter an Sie zu bringen.

Die Nachricht, daß Ihnen Wohl ist in Ihrem Vaterlande, daß Sie ein Mädchen und Freunde gefunden, die Sie lieben, wie Sie geliebt werden müßen, ist mir unendlich angenehm gewesen. Eine ähnliche von mir kann ich Ihnen von mir auch geben, nur – ein Mädchen hab ich noch nicht. Da fehlt mir alles, sagen Sie, und ich glaube, Sie haben Recht. Ich habe keins, weil ich nicht suchen, sondern finden will; zu einem Hagestolzen bin ich nicht bestimt und will auch keiner werden. Die Jahre der ersten Liebe (man liebt nur einmal so!) sind beÿ mir vorüber; jezt muß ich schon die kalte Vernunft /
mit zu Rathe ziehn. Eine häßliche Zofe der Liebe! glauben Sie mir, mein Freund.

Meine Geschäfte haben sich eher gemindert als gemehrt, und ich lebe in stolzer Ruhe hin, arbeite was mein Amt fordert und für mich, genieße des Umgangs einiger edlen Seelen beÿderleÿ

Geschlechts, lese wollüstig, wie ich zu thun pflegte, und weide mich, unfähig selbst welche zu schaffen, an Meisterstücken andrer, und, was meine Freude und meinen Genuß vermehrt, oft meiner Freunde. Seitdem wir von einander sind hab ich kaum einen Reim mehr zusammengesezt. Wenn ich noch je schreibe, woran ich sehr zweifle, ist's Prosa.

Das D. [Deutsche] Museum könnte mehr seÿn als es ist, wenn mein Mitherausgeber und der Herr Verleger nicht zu oft die Hand mit im Spiel hätten.[314] Ich bin des Dinges herzlich müde, und mag, um allen Autor= oder Herausgeber ruhm der Welt, mich keine Viertelstunde ärgern. Ich habe herrliche Sache ungedruckt liegen und muß andre gedruckt sehen, die ich nicht billige. Ich werde künftig Stück um Stück mit H. [Herrn] D. [Dohm] herausgeben,[315] und in meine Monate wenigstens nichts einschieben laßen. Der Maÿ ist ganz von mir und über den werden Sie sich gewiß freuen. /

Ich müste Ihnen mehr schreiben, als ich heute Lust habe, wenn ich Ihnen meine Empfindungen über den zweÿten Theil von Siegwart ganz schreiben wollte. Er hat mich vergnügt und gerührt. Was wollen Sie mehr? Manches, was ich am ersten Theil tadelte, fällt nun weg, wie ich glaube; manches bleibt vielleicht noch. Aber – Ihre Absicht mit dem Buche ist erfüllt. Laß der kalte Kritikus auch erst nüzen und rühren, und dann tadle er! Ihre Absicht, bester Miller, ist gut und edel. Heil Ihnen, daß Sie sie erreichen! Manches, was Sie schreiben, konnte nur unter den Augen eines guten Mädchens geschrieben werden. Heil Ihnen, das Sie ein solches gefunden haben!

Ihr Beÿtrag[316] gefällt mir jezt beßer, nach dem ich ihn ganz gelesen habe, aber im Museum muste er doch nicht stehen. Er ist zu sehr für Liebende allein geschrieben, und wie wenige von solchen lesen wohl das Museum?

Wenn Sie einmal eine allgemeinere Erzählung, hauptsächlich aus der niedern Natur aufgegriffen, und am liebsten ganz nationalschwäbisch, haben, so geben Sie sie mir; oder schicken Sie mir ein größres Gedicht, oder – doch Sie wißen ja so gut als

ich, was sich für die Leser des Museums schickt. Zu den Auszügen aus Briefen[317] /
könnten Sie mir auch manchen intereßanten Beÿtrag liefern, wenn Sie wollten. Alles, was intereßiren kann, so klein, so groß es wolle, läßt sich unter die Rubrik bringen.

Bürger ist vier Wochen beÿ mir gewesen, und erhält vielleicht eine beßre, mir nähere Stelle.[318] Wir haben oft mit Antheil und Freude von unserm Miller gesprochen. So auch Leisewiz, der meistens ein Trio mit uns machte. Er verspricht immer zu schreiben und schreibt nie; mir kaum ein Billet, wenn er mir was zu sagen hat.[319] Bürger gibt diesen Sommer ein Bändchen Gedichte auf Subskription heraus.[320] Ich schick Ihnen den Plan, sobald er gedruckt ist. Vielleicht kennen Sie noch seine besten Sachen nicht. Mit Höltÿs Gedichten, die ich herausgeben wollte, stehts noch im weiten Felde. Ich kann von den Verwandten die Papiere nicht herauskriegen. Was Sie der Chronik[321] beÿgelegt haben kenn' ich nur aus dem Gerüchte. Schicken Sie mir's, wenn Sie noch ein Exemplar haben.

Hahn ist in Göttingen – weiter weiß auch ich nichts von ihm. Er will keine Freunde haben u. wird immer mehr ein für sich selbst bestehendes Wesen.

Ich schick Ihnen da einen Brief von Voß. Ich hoff ihn nun bald mit meiner Schwester zu vereinigen.[322]

Der arme Schubart! Sagen Sie mir doch was bestimmtes von seinem Schicksal[323], und grüßen ihn und Köhler.

Ein gewißer Biel[324] hat vorigen Sonntag hier öffentlich den 4ten Gesang des Meßias[325] vor einer großen Versammlung gelesen, u. 10 Pistolen[326] damit verdient.

Ich umarme Sie
HCBoie.

20.) Heinrich Christian Boie an Johann Martin Miller, 10.11.1779

Hannover. Den 10=ten Nov. 1779.

Wir haben uns in so langer Zeit nicht geschrieben, mein liebster Miller, daß ich's nicht länger aushalten und der Begierde, den Stolbergischen Gedichten[327], die ich Ihnen auf Bitte der Dichter sende, einige Zeilen beizulegen, nicht widerstehen kan. Währte dies gegenseitige Stillschweigen noch länger, so könten wir gar einander fremd werden, und das soll wenigstens durch meine Schuld nicht geschehen, ob es gleich vielleicht meine Schuld überhaupt nicht ist, daß unser Briefwechsel aufgehört hat. Ich weis durch Voß und den Grafen Stolberg[328], daß Sie wohl sind und noch leben; sagen Sie mir bald einmal selbst wieder, daß Sie auch als mein Freund leben. Den lezten Band Ihres Burgheims[329], den mir Weygand geschickt hat, hab ich nur noch flüchtig durchblättern können, aber vieles darin gefunden, das ich mich künftig zu lesen freue. Die Art, wie Sie sich selbst darin verwebt haben, gefällt mir sehr wohl; sie trägt mit bei zur Täuschung.

Die Druckfehler in den Stolbergischen Gedichten sind nicht alle angegeben. S. [Seite] 240. 3.1 muss es heißen <u>entschwand</u>, 272 3.5 v. u <u>verberge</u> u. s. w. /

Diesen Winter laß ich noch ein Bändchen Uebersezungen aus dem Griechischen von dem ältern Grafen Stolberg[330], aber bei

59

Dietrich, drucken, wo ich die Vevision[331] selbst besorgen kan, und den Aerger mit den Druckfehlern nicht habe. Den größten Theil des Bandes werden Homers Hymnen ausmachen. Auch bin ich jezt mit der Ausgabe von Höltys Nachlaß ernstlich beschäftigt. Können Sie mir, besonders von seinen ältern Sachen, noch etwas nachweisen, oder besizen selbst Stücke, die Sie nicht in meinen Händen vermuten, so verbinden Sie mich durch die Mittheilung. Ich werde ein Paar Worte von seinem Leben und Karakter als Dichter und Mensch vorsetzen, und dabei brauchen, was Sie haben drucken laßen.[332] Haben Sie nicht etwa noch ein Exemplar davon? Ich hätte Lust etwas von den ihn so sehr karakterisirenden Sonderbarkeiten, und der zuweilen kindlichen Einfalt seines Geistes und Herzens zu sagen, werd es aber kaum thun dürfen, weil die Verwandten ihn durch manche Züge beschimpft halten würden.

Sind Sie denn gar nicht Dichter mehr?[333] Es wäre mehr als traurig, wenn der süßeste Liedermund so ganz verstumt wäre. Warum laßen Sie nicht wenigstens Ihre ältern Sachen zusammendrucken?

Da will auch Gökingk zusammendrucken laßen.[334] Ich sende Ihnen die Anzeige, und bitte Sie in Ihrem Zirkel dafür zu thun, was Sie können. /

Hahn[335] ist nicht mehr. Wißen Sie was von seinen lezten Begebenheiten, so theilen Sie mir's mit. Den hat doch bloß Eigensinn unter die Erde gebracht. Schade um seine Talente, die so sehr zur Ehre des Vaterlandes und zum Nuzen der Menschen hätten gereichen können! Ich habe ihn, durch das, was ich für ihn that, so ganz von mir abgewandt, daß ich oft darüber erstaunt bin.[336]

Einen herrlichen Sommer hab ich gehabt. Am Ende des Mais ging ich mit unserm alten Feldmarschall[337] auf seine Güter und in das Lager bei Herzberg, wo Bürger und Gökingk mich besuchten. Ich war zum erstenmahl, seitdem ich hier bin, in Göttingen und Münden, hielt mich dann acht Tage bei Gökingk auf, den ich sehr liebe und hochschäze, und kehrte auf der Rückreise bei Vater

Gleimen[338] ein, der auch noch immer der alte ist. Kaum war ich wieder zurück und hatte eben, nach einer vierwöchentlichen Abwesenheit, meine Sachen ein wenig wieder in Ordnung gebracht, als mir der Feldm. [Feldmarschall] vorschlug ihn nach Pirmont zu begleiten. Ich that das gern, weil ich bei der Gelegenheit Gr. [Graf] Friz Stolberg, der mit seines Bruders Gemahlin[339], mit C. [Comtesse] Auguste[340], und der ältern Schwester Kathrine[341], der Verf. [Verfasserin] der Rosalia im Museum, zu Mainberg[342] sich aufhielt, ein Paarmal zu sehen hofte, dachte aber nicht, daß es mir so gut werden würde, die ganze Zeit mit ihnen zu leben. Gustchen[343] konte das Bad zu Mainberg nicht vertragen, und ich holte sie, auf Zimmermanns[344] Bitte, von M. ab, und wir lebten noch 4 Wochen in P. [Pyrmont] zusammen. Sie gingen darauf mit mir hieher und blieben noch 14 Tage. Wie wir eben von P. [Pyrmont] abreisen wolten, kam auch Graf Christian[345], und wenige Tage hernach hatten wir das Vergnügen die Frau von la Roche[346] mit ihrer sehr liebenswürdigen Tochter, der Frau von Brentano[347], einige Tage zwischen uns zu haben. /

Welche Tage das waren, überlaße ich Ihnen sich vorzustellen, da Sie Vorstellungskraft haben, und die Personen fast alle kennen. Von Gr. [Graf] Christians Gemahlin hatten mir indeß die meisten eine ganz falsche Idee gemacht. Sie ist eine Dame von sehr vielem Verstande und hundert liebenswürdigen Eigenschaften.

Ich lebe hier auf einem ganz angenehmen Fuß, aber ziemlich einsam. Die Gewogenheit, ich darf sagen sagen [sic] Freundschaft, meines Chefs läßt mir Zeit genug meinen Lieblingsneigungen nachzugehen. Ich studire die Meister der Kunst, mache aber selbst keine Versuche mehr, da ich überzeugt bin, daß kein Dichter durch Druckwerk und Röhren wird, wie Leßing sagt. Mein Lieblingsstudium ist jezt unsre alte Litteratur, und wenn ich noch einmal etwas schreibe, ist es in diesem Fache.[348] Lieben Sie sie noch, und studiren Sie noch die Minnesinger, womit Sie einen so schönen Anfang gemacht hatten?[349] Ich habe schöne Samlungen in diesem Fache, und wenn Sie mal, wozu in Ihren Gegenden mehr Gelegenheit ist, als hier, mir Beiträge dazu verschaffen können so thun Sies. Besonders hätte ich so gern die Ausgabe des Parcifals[350]. Ich bezahle gern.

Voß ist zum zweitenmal Vater geworden und sein Sohn hat meinen Namen Heinrich[351] bekommen. Wenn er nur bald auf eine angenehmere Art beschäftigt, oder nur an einem angenehmern Ort wäre![352] Mit seiner Odyßee, fürchte ich, geht's nicht, und das wäre sehr Schade. Cramers ältre Schwester ist jezt in Zelle an einen Advokaten Beneke verheirathet.[353] Klopstock, der mir vor einigen Tagen noch geschrieben, ist wohl, und schreibt vortrefliche Sachen über Litteratur und Sprache, die Sie gelesen haben werden. Es ist gut, daß er in Hieroglyphen drucken läßt, da er nur für die Geweihten schreibt.[354]

Wollen Sie denn nicht einmal etwas zum Museum beitragen? Wer ist der Herr Haid[355], von dem Sie durch Weygand mir einige Male was geschrieben haben?

Was macht Ihr Vetter Miller?[356] Grüßen Sie ihn. Und nun, Lieber, wollen Sie mir nicht auch bald wieder einmal und fein viel von sich selbst schreiben, wie ich Ihnen das Beispiel gegeben habe?

Ich umarme Sie in Gedanken.

HCBoie.

21.) Heinrich Christian Boie (?) an Johann Martin Miller, vor dem 25.07.1780[357]

[Nicht auffindbar]

V. Nachweis der hier veröffentlichten Briefe

Brief Nr. 2: Johann Martin Miller an Heinrich Christian Boie am 26.12.1773.

Verwahrung: Stadtarchiv Ulm, Signatur: StadtA Ulm J1 – Sondersammlung Autographen, neue Ordnung, Miller, Johann Martin.
Zuvor unveröffentlicht.

Brief Nr. 3: Heinrich Christian Boie an Johann Martin Miller am 3.11.1774.

Verwahrung: Stadtarchiv Ulm, Signatur: StadtA Ulm J1 – Sondersammlung Autographen, neue Ordnung: Boie, Heinrich Christian.
Zuvor unveröffentlicht.

Brief Nr. 4: Johann Martin Miller an Heinrich Christian Boie am 12.11.1774.

Verwahrung: Archiv der Berlin-Brandenburgischen Akademie der Wissenschaften (ABBAW), Sammlung. Weinhold, Nr. 908.
Veröffentlicht in: Johann Martin Miller an Heinrich Christian Boie, mitgetheilt von Karl Weinhold. In: Litterarische Mittheilungen. Festschrift zum zehnjährigen Bestehen der Litteraturarchiv-Gesellschaft, hg. v. der Litteratur-Gesellschaft. Berlin 1901, S. 15-21.

Brief Nr. 7: Christian Rudolf Boie an Johann Martin Miller im Dezember 1774.

Verwahrung: Freies Deutsches Hochstift / Frankfurter Goethe-Museum, Sign. Hs-2759.
Zuvor unveröffentlicht.

Brief Nr. 11: Heinrich Christian Boie an Johann Martin Miller und Johann Heinrich Voß am 27.4.1775.

Verwahrung: Autographen-Sammlung, Boie, aus der ehem. Preußischen Staatsbibliothek zu Berlin, gegenwärtig in der Biblioteka Jagiellonska, Krakau.

Auszugsweise veröffentlicht in: Karl Weinhold: Heinrich Christian Boie. Beitrag zur Geschichte der deutschen Literatur im achtzehnten Jahrhundert. Halle 1868, S. 71.

Brief Nr. 12: Johann Martin Miller an Heinrich Christian Boie am 26.8.1775.

Verwahrung: Deutsches Literaturarchiv Marbach a. N., Sign. A: Miller, Johann Martin; Zugangsnummer 899.

Fast vollständig veröffentlicht in: Karl von Holtei (Hg.): Dreihundert Briefe aus zwei Jahrhunderten. Zwei Bände in vier Teilen. Hannover 1872, Bd. I, Teil II, S. 179-182.

Brief Nr. 13: Heinrich Christian Boie an Johann Martin Miller am 9.10.1775.

Verwahrung: Stadtarchiv Hannover (StadtAH). 4.AS.01 Nr. 5052.

Auszugsweise (Klopstock betreffend) veröffentlicht in: Friedrich Gottlieb Klopstock: Die deutsche Gelehrtenrepublik. Bd. 2 (Text und Apparat), hg. v. Klaus Hurlebusch. Berlin, New York 2003, in: Friedrich Gottlieb Klopstock: Werke und Briefe. Historisch-kritische Ausgabe, hg. v. Horst Gronemeyer, Elisabeth Höpker-Herberg, Klaus Hurlebusch und Rose-Maria Hurlebusch. Abt. Werke VII 2, S. 352. Zeugnis Nr. 120.

Brief Nr. 15: Christian Rudolf Boie an Johann Martin Miller vom 4.-14.2.1776.

Verwahrung: Stadt- und Landesbibliothek Dortmund, Westfälisches Handschriftenarchiv, Handschriftenabteilung der StLB, Sign. Atg. 7821.

Veröffentlichung konnte nicht nachgewiesen werden.

Brief Nr. 18: Johann Martin Miller an Heinrich Christian Boie am 11.1.1777.

Verwahrung: Archiv der Berlin-Brandenburgischen Akademie der Wissenschaften (ABBAW), Sammlung. Weinhold, Nr. 908.

Veröffentlicht in: Mitteilungen aus dem Litteraturarchive in Berlin, hg. im Auftrag des Vorstandes von Heinrich Meisner, Band 3. Berlin 1904, S. 291-294.

Brief Nr. 19: Heinrich Christian Boie an Johann Martin Miller am 10.4.1777.

Verwahrung: Autographen-Sammlung, Boie, aus der ehem. Preußischen Staatsbibliothek zu Berlin, gegenwärtig in der Biblioteka Jagiellonska, Krakau.

Veröffentlichung konnte nicht nachgewiesen werden.

Brief Nr. 20: Heinrich Christian Boie an Johann Martin Miller am 10.11.1779.

Verwahrung: Autographen-Sammlung, Boie, aus der ehem. Preußischen Staatsbibliothek zu Berlin, gegenwärtig in der Biblioteka Jagiellonska, Krakau.

Veröffentlichung konnte nicht nachgewiesen werden.

VI. Anmerkungen

[1] Die Dichter nannten ihre Vereinigung selbst Hain oder Bund, vgl. Schmidt-Tollgreve, S. 28. – Vgl. zu Boie a. a. O. sowie Weinhold bzw. Lohmeier/Schmidt-Tollgreve/Trende. Zu Miller vgl. Kraeger sowie Breitenbruch.

[2] Boie an Karl Ludwig von Knebel am 30.1.1772. In: K[arl] L[udwig] von Knebel's literarischer Nachlaß und Briefwechsel (3 Bd.), hg. v. K[arl] A[ugust] Varnhagen von Ense und Th[eodor] Mundt. Leipzig 1835, Bd. 2, S. 116, Brief Nr. 11.

[3] Bürger wurde kein formelles Mitglied des Hains.

[4] Vgl. Herbst, Bd. 1, S. 277. Herbst nennt als Beginn der Bekanntschaft von Miller und Boie den Winter 1771/1772.

[5] Boie an Ludwig Christoph Althof am 2.11.1794, in: Briefe von und an Gottfried August Bürger. Ein Beitrag zur Literaturgeschichte seiner Zeit (in vier Bänden), hg. v. Adolf Strodtmann. Bern 1970 (Nachdruck der Berliner Ausgabe von 1874), Bd. 4, S. 260, Brief Nr. 892 (im Folgenden wird die Bandzahl als lateinische Ziffer angegeben); vgl. auch Kraeger, S. 3, ferner Weinhold, S. 44.

[6] Erstveröffentlichung im Göttinger Musenalmanach auf das Jahr 1773.

[7] Miller in seiner Gedichtausgabe von 1783, zitiert nach Breitenbruch, S. 56. Für Miller war das Lied wohl zusätzlich von Bedeutung, weil das „Klagelied" seinen Verfasser in kurzer Zeit populär gemacht hatte (vgl. ebd.).

[8] Breitenbruch, S. 56.

[9] Johann Friedrich Hahn (1753-1779), Mitglied des Bundes.

[10] Miller in seiner Gedichtausgabe von 1783, zitiert nach Breitenbruch, S. 63. Es ist möglich, dass Miller schon vor seiner Göttinger Zeit mit mittelhochdeutscher Lyrik vertraut war (vgl. ebd., S. 64 bzw. S. 56).

[11] Zitiert nach Kraeger, S. 3.

[12] Breitenbruch, S. 51.

[13] Boie an Bürger am 28.6.1773, in: Strodtmann I (wie Anm. 5), S. 128, Brief Nr. 91. Bürgers Wertschätzung der Millerschen Lieder scheint auch auf Boie gewirkt zu haben (vgl. Weinhold, S. 45).

[14] Weinhold, S. 45.

[15] Heinrich Christian Boie in einem Brief vom 23.-28.12.1773 an den Bund, handschriftlich Schleswig-Holsteinische Landesbibliothek Kiel, Boie-Voß-Nachlass-Meldorf 4, Signatur Cb 8.09.

[16] Boie an Bürger am 24.11.1776, in: Strodtmann I, wie Anm. 5, S. 367, Brief Nr. 280. – Alkäisch: nach dem griechischen Lyriker Alkaios (um 630-um 580 v. Chr.) benanntes Versmaß. Die alkäische Strophe ist ein Odenmaß, das von Klopstock in die deutsche Literatur eingeführt wurde.

[17] Boie an Bürger am 10.6.1776, in: Strodtmann I, wie Anm. 5, S. 313, Brief Nr. 244.

[18] [Johann Martin Miller:] „Briefwechsel dreyer Akademischer Freunde [Erste Sammlung]". Ulm 1776. Der zweite Teil erschien im Februar 1777. – [Johann Martin Miller:] „Siegwart. Eine Klostergeschichte. Erster Theil." Leipzig 1776.

[19] Boie an Bürger am 24.11.1776, in: Strodtmann I, wie Anm. 5, S. 366, Brief Nr. 280. – Boie bezieht sich hier wahrscheinlich auf Millers Dichtung „Mein Mädchen", veröffentlicht im Vossischen Musenalmanach auf das Jahr 1777, S. 67.

[20] Siehe Anm. 299, vgl. auch Millers Bemerkung hierzu in Brief Nr. 18 dieser Arbeit, S. 54.

[21] Siehe Anm. 291 bzw. 299.

[22] Miller an Johann Heinrich Voß am 26. Juni in einem Brief vom 15.6.-9.7.1776, in: von Stosch, S. 136, Brief Nr. 39. Siehe zu Millers „Beytrag zur Geschichte der Zärtlichkeit" Anm. 299.

[23] Cramer an Bürger am 15.2.1773: „Das Schnällchen [Spottname Cramers für Boie] hat sich nun auch endlich durch seinen crit[i]schen Übermuth bey den Stolbergs stinkend gemacht. Das Gedicht wovon der jüngste uns lezt den Anfang sagte, wo Du mit Recht das Gleichniß so bewundertest und das er noch gefeilt und herrlich verbessert hat, hat es für schlecht erklärt. Woraus man denn ersehen hat, daß es ein Schilf sey, das sich von allerley Wind der Lehre hin und her bewegen läßt." (in: Strodtmann I, wie Anm. 5, S. 87, Brief Nr. 58). – Hölty zum Beispiel schrieb über Boie: „Boje ist ein sehr guter Mann, der alle Liebe verdient, nur eine Aristarchusmi[e]ne kleidet ihn nicht" (Hölty an Christian Stolberg am 2.12.1773, in: Hettche, S. 334, Brief Nr. 11). – Aristarchos von Samothrake war ein bekannter Textkritiker der Antike.

[24] Miller an Christian Stolberg am 24.5.1774. In: Efterladte papirer fra den Reventlowske familiekreds, hg. v. Louis Bobé. Kopenhagen 1917, Bd. 8, Breve fra og til Greverne Christian og Fritz Stolberg, Greve Ernst og Grevinde Charlotte Schimmelmann, S. 107, Brief Nr. 5. – Zu Ramler s. Anm. 147.

[25] Miller an Christian Stolberg, wie vorige Anm., S. 108. – Friedrich Wilhelm Gotter (1746-1797), Autor, anfangs mit Boie Herausgeber des Göttinger Musenalmanachs.

[26] Wie Anm. 24, S. 105. – Gemeint ist hier „Der Hofmeister oder Vortheile der Privaterziehung. Eine Komödie" (Leipzig 1774) von Jakob Michael Reinhold Lenz (s. Anm. 103).

[27] Miller an Voß am 1.6.1774, in: von Stosch, S. 23, Brief Nr. 6.

[28] Miller an Christian Stolberg am 24.5.1774, in: Bobé, wie Anm. 24, S. 105.

[29] Kraeger, S. 4. Vgl. auch Weinhold, S. 45. Stattdessen befreundete sich Miller näher mit Hahn, Hölty und Voß (vgl. Kraeger, S. 4 ff.). Es war wohl Bürger, mit dem Boie in der Göttinger Zeit zuerst im engsten Kontakt stand, zumal dieser einer der wenigen Freunde Boies war, die er in seinen jungen Jahren duzte; das geschah auf Boies Initiative hin Anfang 1776 (vgl. Boie an Bürger in einem undatierten Brief von Ende Januar, in: Strodtmann I, wie Anm. 5, S. 272, Brief Nr. 207). Miller und Boie blieben hingegen beim „Sie". – Boie und die Grafen Stolberg wurden von den übrigen Haindichtern zu Beginn der 1770er Jahre gesiezt, während sich die Dichterfreunde untereinander duzten; so auch Christian Rudolf Boie und Miller, wie in den hier wiedergegebenen Briefen zu lesen ist. Konventionen scheinen hier eine Rolle gespielt zu haben.

[30] Vgl. zu Sprickmann Jochen Grywatsch (Hg.): „...ewig in diesem Himmel die Hölle leiden". Anton Mathias Sprickmann – Heinrich Christian Boie. Briefwechsel 1775-1782. Bielefeld 2008.

[31] Vgl. Breitenbruch, S. 73 f. sowie S. 83, vgl. auch von Stosch, S. 466. Siehe ferner Anm. 209 und zu Millers Aufenthalt bei Voß Anm. 184.

[32] Über den Brief Millers an Heinrich Christian Boie, der in dieser Arbeit als Brief Nr. 10 eingeordnet ist, schrieb Christian Rudolf Boie an Johann Heinrich Voß am 1.6.1775: „Gestern kam der erste Brief von

ihnen [Brüder Stolberg] aus Carlsruhe, und zugleich einer von Miller, den sie vergessen hatten [in Göttingen abzugeben]" (handschriftlich, verwahrt in der Autographen-Sammlung, Boie, aus der ehem. Preußischen Staatsbibliothek zu Berlin, gegenwärtig in der Biblioteka Jagiellonska, Krakau). Heinrich Christian Boie teilte Voß am 8.6.1775 mit: „Stolb. hatte den Brief von Millern an mich mitgenommen, u. hat mir ihn erst von Carlsruh zugeschickt. Nun lohnts nicht mehr der Müh zu antworten. Er wird doch endlich wiederkommen (handschriftlich Biblioteka Jagiellonska, s. o.). Voß, Miller und die Grafen Stolberg hatten sich im April 1775 in Hamburg bzw. Altona getroffen. Am 1. Mai reisten die Grafen nach Süden in Richtung Schweiz (vgl. Herbst, Bd. 1, S. 162; zu den Grafen Stolberg s. Einleitung dieser Arbeit, S. 14).

[33] Boie an Johann Heinrich Voß am 22.6.1775, handschriftlich Biblioteka Jagiellonska, wie vorige Anm.

[34] Boie im selben Brief an Voß, wie Anm. 33. – Anscheinend hat Miller den Besuch dann mit Hahn unternommen (vgl. von Stosch, S. 456).

[35] Siehe Anm. 209.

[36] Vgl. Weinhold, S. 45.

[37] Siehe Anm. 299.

[38] Weinhold, S. 55.

[39] Vgl. „Deutsches Museum", Jahrgang 1779, Bd. 1 (Leipzig), S. 288 f.

[40] Heinrich Christian Boie an Johann Heinrich Voß am 11. Mai in einem Brief vom 9.-11.5.1775, handschriftlich Biblioteka Jagiellonska, wie Anm. 32.

[41] Vgl. Hölty an Heinrich Christian Boie am 14.9.1775, in: Hettche, S. 409, Brief Nr. 6; vgl. auch Hölty an Miller am 4.8.1776, a. a. O., S. 424, Brief Nr. 76. Vgl. ferner Christian Rudolf Boie an Miller am 4.-15.2.1776, Brief Nr. 15 dieser Arbeit, S. 47.

[42] Siehe Brief Nr. 18 dieser Arbeit, S. 53, vgl. auch Brief Nr. 20 dieser Arbeit, S. 59.

[43] Siehe Brief Nr. 19 dieser Arbeit, S. 56.

[44] Siehe Brief Nr. 20 dieser Arbeit, S. 62.

[45] Heinrich Christian Boie an Anton Mathias Sprickmann am 27.10.1776, in: Grywatsch, wie Anm. 30, S. 20, Brief Nr. 10. – Carl August Wilhelm von Closen (ca. 1756-1776) kam durch Johann Friedrich Hahn in Kontakt mit dem Bund.

[46] Esmarch in seinem Tagebuch, zitiert nach Adolf Langguth: Christian Hieronymus Esmarch und der Göttinger Hainbund. Nach neuen Quellen aus Esmarchs handschriftlichem Nachlaß. Berlin 1903, S. 145. – Zur Bewertung bzw. Einordnung von Esmarchs Tagebuch-Äußerung s. Anm. zu Brief Nr. 21.

[47] Miller schrieb zum Beispiel am 21.6.1788 an Johann Heinrich Voß: „Gott tröste Boien (den Du doch auch einmal von mir grüssen must) mit dem lebendigen Gefühl des Wiedersehens!" (Brief vom 15.-21-6.1788, in: von Stosch, S. 224, Brief Nr. 68). Miller schrieb seine Zeilen vermutlich in Hinblick auf den Tod von Boies erster Ehefrau Luise im Juli 1786 bei der Geburt ihres Kindes. Miller äußerte sich ferner gegenüber Voß im gleichen Zusammenhang am 15.2.1789: „Ist Boiens Schmerz wieder einigermaassen gemindert? Wie daurt er mich wegen des Verlustes, der doch immer für jedes Herz, das lieben kann, der schmerzhafteste ist! Ich bitte Dich, auch ihn, wenn du ihm schreibst, freundschaftlich von mir zu grüssen. Wie bin ich doch so aus aller nähern Verbindung mit denen, die mir in Göttingen nahe waren, heraus gekommen! Nur Du und Fritz [Friedrich Leopold Stolberg] sind mir so ganz geblieben, was Ihr mir ehedem waret" (Brief vom 15.-19.2.1789, a. a. O., S. 241, Brief Nr. 72). Außerdem schrieb Miller an Voß am 20.7.1789: „Boie den ersten [als älterer Bruder von Christian Rudolf Boie], und seine neue Frau [Sara, mit der H. C. Boie seit Juli 1788 verheiratet war] mußt Du doch auch wieder einmal von mir mit Wärme grüssen. Das Museum [„Deutsches Museum"] wird ja nun doch in Göschens Verlag wieder fortgesetzt." (Brief vom 20.7.1789, a. a. O., S. 249, Brief Nr. 74). Vgl. auch Voß an Miller am 23.9.1790, a. a. O., S. 257, Brief Nr. 77. – Heinrich Christian Boie äußerte sich in einem Brief an Familie Voß vom 13.6.1805, nachdem diese wahrscheinlich in einem vorausgegangenen Brief über Miller geschrieben hatten: „Millers Heirathprojekt wegen Heinrichs [Voß' Sohn, s. Anm. 351] hat uns sehr ergözt und ist doch den Menschen so natürlich" (handschriftlich Biblioteka Jagiellonska, wie Anm. 32). – Der Herausgeber dieser Arbeit hatte Einsicht in ein Konvolut von Briefen Heinrich Christian Boies an Johann Heinrich Voß aus den Jahren 1796-1805 aus der eben genannten Bibliothek in Krakau; hierin wird Miller seitens Boie nicht weiter als in dieser Arbeit wiedergegeben erwähnt.

[48] Vgl. Herbst, Bd. 2, 2. Teil, S. 32 f.

[49] Boie an Ernestine Voß am 30.9.1804, handschriftlich Biblioteka Jagiellonska, wie Anm. 32. Mit „Ihr" spricht er hier Voß und seine Schwester an, die er beide ansonsten duzte.

[50] Miller an Johann Heinrich Voß und Ernestine Voß am 10.10.1806 in einem Brief vom 9.-22.(?)10.1806, in: von Stosch, S. 345, Brief Nr. 108.

[51] Vgl. von Stosch, S. 379 ff. Vgl. auch Martin Grieger: Conrector in Eutin. Zum 200. Todestage von Christian Rudolf Boie, in: Jahrbuch für Heimatkunde (29. Jahrgang). Eutin 1996, S. 14-17.

[52] Vgl. Hettche, S. 520.

[53] Miller an Voß am 1.6.1774, in: von Stosch, S. 23, Brief Nr. 6.

[54] Zu Closen siehe Anm. 45

[55] Christian Rudolf Boie zitiert nach Hermann Uhde: In Göttingen vor hundert Jahren, in: Im neuen Reich. Wochenschrift für das Leben des deutschen Volkes in Staat, Wissenschaft und Kunst, hg. v. Konrad Reichard, 5. Jahrgang, Bd. 1, Leipzig 1875, S. 241-249, 281-294, 341-349, hier S. 244 f.

[56] Overbeck studierte bis 1776 in Göttingen und stand in enger Verbindung zum Hain, ohne formelles Mitglied gewesen zu sein; er lieferte Beiträge zu Voß' Almanach, später Lübecker Bürgermeister, vgl. Hans-Jürgen Perrey: Joachim Heinrich Campe – Menschenfreund – Aufklärer – Publizist. Bremen 2010, S. 99.

[57] Vgl. Miller an den Bund und Voß in einem Brief vom 13.-15.10.1774, in: von Stosch, S. 26, Brief 8; vgl. auch Miller an Voß in einem Brief vom 2.-4.11.1774, a. a. O., S. 36, Brief Nr. 9. Vgl. ferner Kraeger, S. 22.

[58] Voß an Miller in einem Brief vom 29.-30.1.1775, in: von Stosch, S. 63, Brief Nr. 17. Vgl. auch Voß an Miller in einem Brief vom 30.-31.1.1778, a. a. O., S. 173, Brief Nr. 51. – Vgl. zum Austausch der Nachrichten über Christian Rupolf Boie z.B.: Miller an Voß in einem Brief vom 4.-5.2.1775, in: von Stosch, S. 70, Brief Nr. 18. Vgl. auch Miller an Voß am 20.7.1789, a. a. O., S. 249, Brief Nr. 74.

[59] Vgl. von Stosch, S. 501. Vgl. auch ebd., S. 380.

[60] Voß an Miller am 3.4.1789, in: von Stosch, S. 245 f., Brief Nr. 73.

[61] Herbst, Bd. 2, Teil 1, S. 132.

[62] Miller an Voß am 6.7.1795, in: von Stosch, S. 268, Brief Nr. 83. Die Anzeige hatte Voß in der „Staats- und Gelehrten Zeitung des Hamburgischen Unpartheyischen Correspondenten (Nr. 64, 22.4.1795) aufgegeben (vgl. von Stosch, S. 620).

[63] Freundliche Mitteilung von Herrn Martin Grieger, Hamburg

[64] Miller bezieht sich zu Beginn des folgenden Briefes vom 26.12.1773 auf ein Schreiben Boies und erwähnt, dass dieser zu dem Zeitpunkt mittlerweile seit „bald 8" Tagen in Hamburg gewesen sei. Diese Äußerung bezieht sich zweifellos nicht auf Boies Brief an den Bund vom 23.-28.12.1773, aus dem in bereits in dieser Arbeit zitiert wurde (s. Anm. 15). Ob Heinrich Christian Boie vor dem 20. Dezember 1773 an Miller oder aber an den Bund schrieb, ist unklar.

[65] Boie machte von Dezember 1773 bis Februar 1774 eine Reise nach Hamburg sowie nach Flensburg in sein Elternhaus. Am 22. Dezember traf er Friedrich Gottlieb Klopstock (vgl. Schmidt-Tollgreve, S. 33). – Ein Antwortschreiben Boies an Miller auf dessen oben wiedergegebenes Schreiben ist nicht überliefert.

[66] Johann Wilhelm Christian Müller (1752-1814), aus Göttingen stammend; seit 1772 erster Pfarrer der deutschen evangelischen Gemeinde in Lissabon und ab 1790 in portugiesischen Diensten. Verfasser wissenschaftlicher Arbeiten u. a. über die portugiesische Literatur (vgl. von Stosch, S. 604 f. sowie S. 384).

[67] Die erwähnten Subskriptionen auf Klopstocks „Die deutsche Gelehrtenrepublik" (Teil 1, Hamburg 1774) hatte Johann Wilhelm Christian Müller (s. vorige Anm.) eingeworben.

[68] Lies: Sie´s; Miller hat den Apostroph vermutlich nachträglich eingefügt. Das Wort ist im Original zusammengeschrieben.

[69] Bevor Klopstocks „Gelehrtenrepublik" Anfang Mai 1774 erschien, betrug die Anzahl der Subskribenten für Berlin vermutlich über 90 und für Lissabon möglicherweise 37, eine exakte Anzahl ist schwierig anzugeben, zumal die verzeichneten Angaben zum Teil ungenau sind. Freundliche Mitteilung von Herrn Dr. Klaus Hurlebusch, Hamburg.

[70] Siehe Anm. 66.

[71] Christian Gottlieb Daniel Müller (1753-1814), aus Göttingen, 1770 als Student dort immatrikuliert, 1778 Kapitän der hannoverschen Elbzollfregatte in Brunshausen über Stade, schließlich Obristleutnant

(vgl. von Stosch, S. 551).

[72] Johannes Schuback (1732-1817), Kaufmann in Hamburg, lebte zeitweise in Lissabon und war im Portugal-Handel engagiert (vgl. Franklin Kopitzsch: Joachim Heinrich Campe in Hamburg und Trittau – Schriftsteller, Erzieher und Aufklärer, in: Hanno Schmitt u. a. [Hg.]: Visionäre Lebensklugheit. Joachim Heinrich Campe in seiner Zeit [1746-1818]. Wiesbaden 1996, S. 67-76, hier S. 67; vgl. auch Artikel „Schuback, Johannes" von Otto Beneke in: Allgemeine Deutsche Biographie, hg. v. der Historischen Kommission bei der Bayerischen Akademie der Wissenschaften, Bd. 32 [1891], S. 586, Digitale Volltext-Ausgabe, URL: https://de.wikisource/org/w/index.php?title=ADB:Schuback, Johannes&oldid=   (Version vom 14. August 2021, 18.04 Uhr UTC).

[73] Nicht ermittelt.

[74] Johann Peter Miller (1725-1789), ein Bruder von Johann Martin Millers Vater. Seit 1766 Professor der Theologie an der Universität Göttingen. Miller selbst wohnte in Göttingen bei diesem Onkel, „der ihm zum zweiten Vater wurde" (von Stosch, S. 368).

[75] Friedrich Leopold Graf zu Stolberg, s. Einleitung dieser Arbeit, S. 14.

[76] Christiane Charlotte Frederike Gräfin zu Stolberg, geb. Gräfin zu Castell-Remlingen (1722-1773).

[77] Nicht ermittelt.

[78] Unleserlich: vermutlich Schweizer.

[79] Der Karzer, lateinisch carcer, war eine Arrestzelle in Universitäten oder Schulen.

[80] Vermutlich John Bacon Schuz, Lebensdaten nicht ermittelt, somit wahrscheinlich einer der Studenten, die Heinrich Christian Boie als Hofmeister betreute (vgl. zu ihm Ernst-Otto Fehn: Die Dichter des Göttinger Hains und ihre britischen Kommilitonen, in: Göttinger Jahrbuch, 1978, hg. v. Geschichtsverein für Göttingen und Umgebung e. V., Göttingen 1978, S. 153-174, hier S. 154). Als Boie Anfang Februar 1774 aus Hamburg wieder in Göttingen ankam, sah er sich mit dessen Fehlverhalten konfrontiert. Weinhold schreibt in seiner Boie-Biographie hierzu: „Er fand hier vollen Verdruß über seinen jungen Engländer Schütz, der schlechte Streiche unterdess gemacht hatte. Zwar löste er

sofort das Verhältniss, aber muste in den nächsten Monaten nach Gotha, wo der Bursche abermals Tollheiten und Schulden machte, um im Auftrage des Vaters zu vermitteln" (a. a. O., S. 64). Boie war es vermutlich aufgrund des Winterwetters nicht möglich gewesen, früher nach Göttingen zurückzukehren (vgl. ebd.).

[81] In der Handschrift in lateinischen Lettern. Förmlich erteilter Rat gegenüber einem Studenten, die Lehranstalt zu verlassen (vgl. Dudenredaktion [o. J.]: "Consilium Abeundi" auf Duden online. URL: https://www.duden.de/node/29271/revision/29300
Abrufdatum 6.8.2021).

[82] Millers Vater war Johann Michael Miller (1722-1774), 1762 Diakon der Dreifaltigkeitskirche in Ulm, ab 1768 Inspektor der Stadtbibliothek (vgl. Breitenbruch, S. 14).

[83] „Erfurtische gelehrte Zeitung", hg. unter Aufsicht der Khurmaynzischen Akademie Nützlicher Wissenschaften, Erfurt 1769-1779, begründet von Friedrich Justus Riedel; Beitrag nicht ermittelt.

[84] Abraham Gotthelf Kästner (1719-1800), Professor der Mathematik in Göttingen, Kritiker

[85] R. war eine Chiffre Millers im Göttinger Musenalmanach auf das Jahr 1774 (vgl. Faksimile-Nachdruck des Exemplars der Niedersächsischen Universitätsbibliothek Göttingen, mit einem Nachwort von Albrecht Schöne. Göttingen 1962, S. 249; vgl. auch Carl Christian Redlich: Versuch eines Chiffernlexikons zu den Göttinger, Voßischen, Schillerschen und Schlegel-Tieckschen Musenalmanachen. Hamburg 1875, S. 14). – Der Almanach war im Oktober 1773 erschienen.

[86] Gottfried August Bürger, s. Einleitung dieser Arbeit, S. 11. Auch von ihm befanden sich Texte im Göttinger Musenalmanach auf das Jahr 1774, u. a. seine Ballade „Lenore", vgl. ebd., S. 214-226.

[87] Das Wort „striegeln" ist als kritisieren zu lesen bzw. als schelten oder prügeln (vgl. Deutsches Wörterbuch von Jacob und Wilhelm Grimm, Bd. 19, Sp. 1596-1609, digitalisierte Fassung im Wörterbuchnetz des Trier Center for Digital Humanities, Version 01/21, URL: https://www.woerterbuchnetz.de/DWB (abgerufen am 6.8.2021).

[88] Carl Friedrich Cramer, s. Einleitung dieser Arbeit, S. 14. Als Miller sich gegen Ende Oktober immatrikulierte und sein Zimmer in der

Burgstraße in Leipzig bezog, wohnte er im selben Haus wie Cramer. Dieser hatte Göttingen im Juni 1774 verlassen, um zunächst nach Hamburg und Lübeck zu reisen.

[89] Am 11. Oktober 1774 war Miller in Leipzig angekommen, nachdem er Göttingen vier Tage zuvor verlassen hatte. Er sollte nach dem Willen seines Vormundes und Großonkels Johann Peter Miller (1705-1781) in Leipzig den Magistergrad erwerben, um dann Professor am Gymnasium seiner Heimatstadt zu werden, was aber nicht Millers eigenen Berufsvorstellungen entsprach. Heinrich Christian Boie befand sich von Anfang Juli bis zum 20. Oktober 1774 auf Reisen. Er fuhr als Hofmeister gemeinsam mit seinem Zögling nach Spa, danach durch die Niederlande und schließlich unter anderem über Düsseldorf, Darmstadt sowie Frankfurt a. M. zurück. Somit hatte Boie Miller mittlerweile seit einigen Monaten nicht mehr gesehen.

[90] Von lateinisch nux: Walnuss, Haselnuss. Die sinngemäße Übersetzung dieser Stelle lautet: eine Reisebeschreibung im Kleinformat. In der Biblioteka Jagiellonska, Krakau, wie Anm. 32, befindet sich eine Sammlung ausführlicher Reisebriefe beziehungsweise ein Reisetagebuch Boies, das aber an dieser Stelle nicht gemeint ist.

[91] Hölty begleitete Miller, als dieser von Göttingen aus am 7. Oktober 1774 nach Leipzig reiste. Er verließ die Stadt am 22. wieder und war am 25. Oktober wieder in Göttingen (vgl. von Stosch, S. 386).

[92] Hölty und Voß hielten sich vom 29. Oktober bis zum 4. November 1774 in Hann. Münden auf, um den verwitweten, literarisch interessierten Konrektor Johann Conrad von Einem (1732-1799) sowie dessen Tochter Charlotte (1756-1833) zu besuchen (vgl. von Stosch, S. 398, vgl. ferner Ernst Müller: Ludwig Christoph Heinrich Hölty. Leben und Werk. Egelsbach, Frankfurt a. M., München, New York 2001, S. 60).

[93] Höltys „Laura" war die von ihm geliebte Anna Juliane Hagemann (geb. 1744-?), dritte Tochter des Konsistorialrats Laurentius Hagemann (1692-1762) in Hannover. Hölty erwähnte sie unter dem Pseudonym in einigen Dichtungen und in den Briefen an die Haindichter (vgl. Hettche: Hölty, S. 581).

[94] Friedrich Gottlieb Klopstock war das bewunderte dichterische Idol und Mitglied des Hains. Im September 1774 hatte Klopstock auf einer

Reise nach Karlsruhe Station in Göttingen gemacht. Miller war ihm mit Gottlob Dietrich Miller (s. Anm. 105) und Johann Friedrich Hahn vor seiner Ankunft in Göttingen bis Einbeck entgegengereist. Kurz darauf kam Klopstock mit seinen Begleitern in Göttingen an. Nachdem Klopstock einen Tag mehr als geplant dort verbrachte, reiste man mit ihm weiter und begleitete ihn über Münden nach Kassel (vgl. Breitenbruch, S. 50).

[95] Boie spricht hier vom Rückweg der Spa-Reise (s. Anm. 89, s. auch vorige Anm.).

[96] Klopstock hatte im Sommer 1774 vom Markgraf Karl Friedrich von Baden das Angebot bekommen, den Rang und das Gehalt eines markgräflichen Hofrates zu erhalten, das der Dichter unter der Bedingung annahm, nicht ständig in Karlsruhe sein zu müssen (vgl. Klaus Hurlebusch: Friedrich Gottlieb Klopstock. Hamburg 2003, S. 78). Klopstock hielt sich nur für kurze Zeit am dortigen Hofe auf, nämlich von Oktober 1774 bis März 1775.

[97] Christoph Philipp Willibald von Hohenfeld (1743-1822), Domherr zu Bamberg und Worms, 1777-1780 Konferenzminister des Kurfürsten von Trier. Boie erwähnt in seinen Reisebriefen, die er während seiner Fahrt verfasste, dass er bei einem Besuch bei Sophie von La Roche (1730-1807) auf dem Ehrenbreitstein am 12.10.1774 einen Domherrn, den „H. [Herrn] v. [von] Hohenfells" kennen gelernt habe (Boie am 12.10.1774, Reisebriefe, Boie, H. Ch., handschriftlich Bibliotheka Jagiellonska, wie Anm. 32.). Boie schrieb an dieser Stelle weiter über ihn: „Klopstock ist sein Dichter; er kennt u. fühlt ihn sogar als den ersten lÿrischen." Boie hat den Namen falsch wiedergegeben. Karl Weinhold erwähnt ihn in seiner Biographie als „Domherrn v. Hohenfels" (vgl. a. a. O., S. 69).

[98] Während seiner Studienzeit in Jena von 1764 bis 1767 machte Boie Ausflüge nach Leipzig. Dort besuchte er das Theater und lernte unter anderem den Dichter Johann Wilhelm Ludwig Gleim (1719-1803) kennen.

[99] Abel Seyler (1730-1800), Schauspieler, Theaterdirektor.

[100] Sophie Frederike Seyler (1738-1789), Schauspielerin.

[101] Johann Wolfgang Goethes „Clavigo. Ein Trauerspiel", Leipzig 1774.

[102] Boie hatte Goethe auf Rückreise von Spa durch die Niederlande Mitte Oktober in Frankfurt a. M. aufgesucht. In seinen Reisebriefen

schrieb Boie unter anderem über sein Treffen mit Goethe, dass „die Unterredung [...] auf die wichtigsten Gegenstände des Denkens u. Empfindens [fiel], wo wir uns sehr oft in unsern Gesinnungen begegneten" (zitiert nach Schmidt-Tollgreve, S. 45).

[103]Jakob Michael Reinhold Lenz (1751-1792), Lyriker und Dramatiker. Lenz war mit Goethe seit Anfang Juni 1771 bekannt und mit ihm befreundet. Boie erwähnt Lenz in seinem Reisebrief-Eintrag vom 15. Oktober 1774 im Zusammenhang mit dem Treffen mit Goethe (vgl. Boie, Reisebriefe, Boie, H. Ch., handschriftlich, Bibliotheka Jagiellonska, wie Anm. 32). Boie vermittelte schließlich Voß Beiträge für seinen Almanach (vgl. von Stosch, S. 399).

[104] Ende September 1774 hatte Klopstock Goethe in Frankfurt a. M. aufgesucht.

[105] Der gemeinte Vetter ist Gottlob Dietrich Miller (1753-1822), Mitglied des Hains. Er hatte Göttingen im Oktober 1774 verlassen, um eine Anstellung als Subdelegationssekretär des Ulmischen Gesandten beim Reichskammergericht in Wetzlar anzutreten. Sein Vater war ein Bruder von Johann Martin Millers Großvater (vgl. von Stosch, S. 369).

[106] Vermutlich meint Boie hier die zwölf im Elsass aufgespürten Volkslieder, die Goethe im September 1771 auch an Johann Gottfried Herder geschickt hatte. Goethe war dazu durch Herders Beschäftigung mit Volksliedern und dessen Auseinandersetzung mit der von Thomas Percy (1729-1811) erstmals 1765 herausgegebenen Sammlung „Reliques of ancient English poetry" angeregt worden. Herder nahm drei der von Goethe aufgespürten Stücke in seine Volkslieder-Sammlung von 1778/1779 auf.

[107] Johann Gottfried Herder und Johann Heinrich Merck (1741-1791), Schriftsteller und Kritiker, hatten Übersetzungen aus Thomas Percys Sammlung (siehe vorige Anm.) angefertigt. Goethe und Merck hatten in dem Zeitraum von 1770 bis 1772 von Herder viele Abschriften von Übersetzungen nach dieser Sammlung (vor allem vermittelt durch Karoline Flachsland [1750-1809], Herders spätere Ehefrau) erhalten, jedoch nicht die komplette Volkslieder-Sammlung, die Herder 1774 aus der Druckerei Weißenfels zurückzog. Es ist denkbar, dass Goethe die einzeln übersandten Abschriften in Form einer Sammlung bei sich aufbewahrt hat. Freundliche Mitteilung von Herrn Dr. Günther Arnold,

Weimar. Dies gilt auch für die folgende Anmerkung.

[108] In der Handschrift in lateinischen Lettern; „Balow my boy balow" ist in Herders „Volksliedern" (1. Teil) das „Wiegenlied einer unglücklichen Mutter" (vgl. Johann Gottfried Herder: Werke [10 Bd.], hg. v. Martin Bollacher u. a. Frankfurt a. M. 1990, Bd. 3, Teilband hg. v. Ulrich Gaier, S. 101 f.) nach „Lady Bothwell´s Lament" (vgl. a. a. O., S. 987), Nachdichtung um 1771, 1778 andere Fassung gedruckt. Die Übersetzung sollte auch in die 1774er Fassung der Volkslieder (vgl. Herder, Werke, Bd. 3, S. 12).

[109] Es ist nicht ganz klar, ob sich Boie hier auf Goethes „Sammlung" (s. Anm. 106) bezieht oder auf die Übersetzungen Herders und Mercks (s. Anm. 107), die Herders Volksliedersammlung angehörten.

[110] Siehe hierzu Millers folgenden Brief dieser Arbeit, S. 32; gemeint ist hier wohl der Brief an Engelhard Benjamin Schwickert (s. Anm. 135).

[111] Johann Friedrich Weygand, s. Einleitung dieser Arbeit, S. 18. Miller war mit ihm entfernt verwandt (vgl. von Stosch, S. 388). Weygand veröffentlichte später das von Heinrich Christian Boie und Dohm (s. Anm. 221) herausgegebene „Deutsche Museum" (1776-1788).

[112] Karl Weinhold gibt in seiner Veröffentlichung des Briefes die Textpassage anders als hier wieder: „Es würde mir sehr unangenehm gewesen seyn..." (zitiert nach Weinhold 1901, S. 15, s. hierzu Nachweis der Autographen in dieser Arbeit, S. 63). Miller hatte sich ursprünglich so ausgedrückt, jedoch nachträglich „gewesen seyn" durch Streichung und Verbesserung umgeändert in „gethan", was sich vermutlich auf die Absichten des Großonkels bezog (s. Anm. 89).

[113] Johann Heinrich Voß berichtet in einem Brief an Ernst Theodor Johann Brückner vom 17. November 1774, dass Boie Ostern 1775 als Hofmeister eine Reise durch Deutschland, Frankreich und Italien machen sollte; möglicherweise war in diesem Zusammenhang ein Aufenthalt in Wien geplant (vgl. Briefe von Johann Heinrich Voß nebst erläuternden Beilagen, hg. von Abraham Voß [3 Bd.], Faksimile-Nachdruck der Ausgabe von 1829. Leipzig o. J., Bd. 1, S. 179). Bereits im Jahre 1771 hätte Boie eine Anstellung in Wien annehmen können (vgl. Schmidt-Tollgreve, S. 22). Ob diese im Zusammenhang mit Millers Äußerung steht, ist ungewiss. – Der oben von Miller erwähnte Brief Boies an Cramer scheint nicht erhalten zu sein (vgl. hierzu Manfred von

Stosch: „das süsse Kosen des Bundes" – Carl Friedrich Cramer und der Göttinger Hain. In: „Ein Mann von Feuer und Talenten" – Leben und Werk von Carl Friedrich Cramer, hg. v. Rüdiger Schütt. Göttingen 2005, S. 47-86, hier S. 49).

[114] Boie hatte die Brüder Friedrich Heinrich (1743-1819) und Johann Georg Jacobi (1740-1814) in Düsseldorf auf dem Rückweg von der Spa-Reise aufgesucht. Der Besuch frischte das Verhältnis zu Johann Georg wieder auf. Die persönliche Bekanntschaft mit Friedrich Heinrich überraschte ihn positiv (vgl. Weinhold, S. 68; vgl. auch Heinrich Christian Boie an Heinrich Wilhelm von Gerstenberg am 27.10.1774, handschriftlich Biblioteka Jagiellonska, wie Anm. 32). Es ist anzunehmen, dass Miller hier Johann Georg meint, da dieser im Gegensatz zu seinem jüngeren Bruder im literarischen Bewusstsein seit den 60er Jahren des 18. Jahrhunderts als Lyriker bekannt war. Hierfür spricht auch die Vermutung Millers im Folgenden, der aufstrebende Goethe müsse den doch eher rokokohaften Dichter Johann Georg Jacobi für keinen „grossen Geist" halten. Zudem war dieser Jacobi ein von den Göttinger Freunden verspotteter Dichter (vgl. Herbst, Bd. 1, S. 174).

[115] Im Sinne von recht beziehungsweise mäßig zu verstehen (vgl. Deutsches Wörterbuch, wie Anm. 87, Bd. 2, Sp. 28).

[116] Vermutlich Johann Georg Jacobi. Die Brüder Jacobi waren für Goethe in den Jahren 1772 und 1773 Gegenstand des Spottes (vgl. Karl Otto Conrady: Goethe – Leben und Werk. Düsseldorf, Zürich 1999, S. 178 f.). Durch die erste Begegnung Goethes mit den Brüdern Jacobi in Düsseldorf im Juli 1774 schlug Goethes Meinung in Freundschaft um. Boie war dies bekannt.

[117] Nordhausen war eine Station von Höltys Rückreise aus Leipzig (vgl. Hölty an Miller am 10.11.1774, in: Hettche, S. 351, Brief Nr. 23).

[118] Miller bezieht sich hier auf ein Gedicht oder mehrere Gedichte im Göttinger Musenalmanach auf das Jahr 1775 (GMA), wie unter anderem „Das Traumbild" (GMA 1775, S. 139 f.) und „An die Grille" (GMA 1775, S. 51); vgl. auch Hettche, S. 118 u. 500.

[119] Charlotte von Einem, s. Anm. 92.

[120] Anfänglich fand Miller ein „flüchtiges Wohlgefallen" an Charlotte von Einem (Breitenbruch, S. 67). Im September 1774, nach zwei

Besuchen in Münden, waren seine Gefühle für sie ernsthafter geworden. Während des Leipziger Aufenthaltes hegte er ambivalente Gefühle für Charlotte. Hölty hatte ein insgesamt vertrautes und freundschaftliches Verhältnis zu ihr (vgl. Müller, wie Anm. 92, S. 61, vgl. auch Erich Schmidt: Aus dem Leben des Siegwartdichters. In: Ders.: Charakteristiken (in zwei Reihen). Berlin 1902, Erste Reihe, S. 169-188, hier S. 172).

[121] Johann Conrad von Einem, s. Anm. 92.

[122] Miller besuchte mit Klopstock im September 1774 auf einer Reise von Göttingen nach Kassel und noch einmal ohne Klopstock auf dem Rückweg den Konrektor von Einem und seine Tochter. Bei beiden Treffen waren Gottlob Dietrich Miller (s. Anm. 105) und Johann Friedrich Hahn zugegen. Bei dem zweiten Besuch wurden die Freunde anscheinend von Johann Anton Leisewitz (1752-1806), ebenfalls Mitglied des Hains, begleitet, der sich zuvor in Kassel aufgehalten hatte (vgl. hierzu Gregor Kutschera von Aichbergen: Johann Anton Leisewitz. Ein Beitrag zur Geschichte der deutschen Literatur im XVIII. Jahrhundert, hg. v. Karl Tomaschek. Wien 1876, S. 16).

[123] Voß hatte sich im Frühjahr 1774 in Flensburg bei Boies Familie aufgehalten, wo er schwer erkrankte. Er erholte sich nur langsam. Am 7. Oktober 1774 hatte Voß Ernestine Boie geschrieben, dass er gesund und „jezt völlig hergestellt" sei (Briefe von Johann Heinrich Voß, wie Anm. 113, Bd. 1, S. 258).

[124] Auch in einem Brief vom 18. November 1774 an Voß klagte Miller über seine Einsamkeit (vgl. Breitenbruch, S. 65).

[125] Als Miller und Klopstock im September 1774 (s. Anm. 95 bzw. 96 sowie 104) in Göttingen zusammentrafen, befand sich Boie noch auf Reisen. Mitte Oktober besuchte Boie Goethe in Frankfurt.

[126] Ludwig Philipp Michaelis (um 1737-1798), seit 1773 Polizei- und Musterschreiber, Postkontorist in Blankenburg/Harz (vgl. von Stosch, S. 387).

[127] Klopstock wollte für die Verwirklichung seines kulturpolitischen Programms der 1774 erschienenen „Gelehrtenrepublik" die Haindichter heranziehen. Auch Goethe wollte Klopstock dafür gewinnen.

[128] Vermutlich bezieht sich Miller hier auf die von Goethe gesammelten Volkslieder (s. Anm. 106 u. 109).

80

[129] In Millers Handschrift in lateinischen Lettern; Gedicht aus Percys „Reliques of ancient English poetry", wie Anm. 106; s. auch Anm. 108.

[130] Johann Friedrich Hahn verließ Göttingen im November 1774, um in seine Heimat zurückzukehren. Er ging aber bald darauf wieder nach Göttingen zurück, zumal er ein Theologiestudium beginnen wollte.

[131] Konrad E(c)khof (1720-1778), Schauspieler.

[132] Jemandem die Aufwartung erweisen, sich vorstellig machen (vgl. von Stosch, S. 438).

[133] Boie hatte weitreichende Freundschaften und Kontakte. Er war mit vielen Schriftstellern, Kulturschaffenden und Gelehrten befreundet oder bekannt.

[134] Carl Theophilus Döbbelin (1727-1793), Leiter einer Theatergesellschaft.

[135] Engelhard Benjamin Schwickert (1741-1825), Verleger in Leipzig.

[136] Unfehlbar. Millers Wertschätzung für Goethe stieg erst in der Zeit nach diesem Schreiben. – Miller teilte Voß im Oktober 1774 hingegen mit, dass er Lenz' Komödie „Der neue Menoza" zumindest schätzte (vgl. Miller an Voß in einem Brief vom 13.-15. Oktober 1774, in: von Stosch, S. 32, Brief Nr. 8).

[137] Miller spricht hier wahrscheinlich von den politischen, moralischen und literarischen Ansichten des Hains. Die Bundesbrüder priesen Gott, Tugend, Freundschaft und Vaterland, wobei Freiheitsschwärmerei und Tyrannenhass eine große Rolle spielten. Klopstocks Sprache wurde zum künstlerischen Ideal erhoben. Die französische Kultur und Literatur galten als Synonym der Unmoral.

[138] Ernst Leopold Stein (1745-1790), er hatte seit 1769 in Leipzig Medizin studiert und 1773 in Greifswald promoviert, Schwager des Dichters Gerhard Anton von Halem, mit Christian Conrad Wilhelm von Dohm (s. Anm. 221) bekannt (vgl. von Stosch, S. 396).

[139] Vermutlich Gottlieb Barkhausen (1748-1783), studierte seit 1771 in Göttingen, später Hofmedicus im Detmold (vgl. von Stosch, S. 377 bzw. S. 396).

[140] Adresse nicht ermittelt. Miller meint hier vermutlich ein Haus des Kaufmannes Christian Friedrich Lücke. Das Adressbuch der Stadt Leipzig aus den Jahren 1774/1775 führt die Namen der Hausbesitzer nicht auf. Benedict Wurfbein, ein Handelsmann aus Nürnberg, könnte

ebenfalls gemeint sein, dessen Name als Mieter in der Buchführung über die Zahlung der Leipziger Grundsteuer (Schossbuch) auftaucht. In welcher Straße Wurfbein gelebt hat, ist in diesem Zusammenhang nicht verzeichnet. Freundliche Mitteilung von Frau Gina Klank, Stadtarchiv Leipzig.

[141] Das Immatrikulationsverzeichnis der Universität Leipzig weist mehrere Studenten mit dem Namen Arndt aus. Es befindet sich jedoch nur einer darunter, der in diesem Zusammenhang in Betracht kommt: Gottfried August Arndt, der aus Schlesien stammte. Als Datum für die Erlangung des Magistergrades ist der 17.11.1774 vermerkt. Die Erlangung des Doktortitels ist nicht verzeichnet (vgl. Die jüngere Matrikel der Universität Leipzig [1559-1809]. Als Personen- und Ortsregister bearbeitet und durch Nachträge aus den Promotionslisten ergänzt, hg. v. Georg Erler, III. Band. Die Immatrikulationen vom Wintersemester 1709 bis zum Sommersemester 1809. Leipzig 1909, S. 7).

[142] Hier meint Miller Klopstocks im Frühjahr 1774 erschienene „Gelehrtenrepublik", die bei den Mitgliedern des Hains begeistert aufgenommen worden war und viel diskutiert wurde.

[143] Christian Gottlob Neefe (1748-1798), Komponist und Musiker, späterer Lehrer Ludwig van Beethovens.

[144] Vermutlich Johann Sebastian Bach (1748-1778), Kunstmaler, jüngster Sohn von Carl Philipp Emanuel Bach (1714-1788); war seit 1770 Schüler von Adam Friedrich Oeser (1717-1799) in Leipzig. Der Vater Carl Philipp Emanuel Bach war gegen Ende der 1760er Jahre nach Hamburg gegangen und in der Nachfolge Georg Philipp Telemanns Musikdirektor an den fünf Hauptkirchen geworden.

[145] Miller zog nach seinem Umzug nach Leipzig zunächst vorübergehend bei seinem entfernt Verwandten Johann Friedrich Weygand (s. Einleitung dieser Arbeit, S. 18) im Haus ein und im selben Monat wieder aus. Danach hatte Miller weiterhin Kontakt mit Weygand (vgl. von Stosch, S. 388; vgl. auch Breitenbruch, S. 64 f.)

[146] Johann Gottfried Dyk (1750-1813), Schriftsteller und Übersetzer, immatrikulierte sich 1770 an der Universität in Leipzig, übernahm 1778 die dortige Verlagsbuchhandlung seines Vaters.

[147] Hier meint Miller wahrscheinlich in Berlin ansässige populäre bzw. bekannte Autoren wie Christoph Friedrich Nicolai (1733-1811) und Karl Wilhelm Ramler (1725-1798).

[148] Gemeint sind hier die Dichter Johann Georg Jacobi (s. Anm. 114), Gleim (s. Anm. 98) und wahrscheinlich Klamer Eberhard Karl Schmidt (1746-1824), der – wie Jacobi – zum engen Halberstädter Freundeskreis um Gleim zählte und bereits mehrere Jahre als Dichter aktiv war.

[149] Christoph Martin Wieland wurde von den Haindichtern angefeindet, da er sich in den Augen der Bundesbrüder zu sehr an französischen Autoren orientierte und seine Werke von ihnen als unmoralisch betrachtet wurden. Boie teilte die Kritik seiner Göttinger Dichterfreunde nicht durchgängig (s. Einleitung dieser Arbeit, S. 15).

[150] Miller spricht hier von den einleitenden Abbildungen des Göttinger Musenalmanachs auf das Jahr 1775, den Voß herausgegeben hatte. Ein Bildnis Ramlers (s. Anm. 147) war darunter. Miller besaß – seinen folgenden Äußerungen entsprechend – ein ungebundenes, mittlerweile unvollständiges Exemplar des Almanachs.

[151] Miller bezieht sich hier abermals auf den Göttinger Musenalmanach (GMA) auf das Jahr 1775. Neben einer zweiten vertonten Version von Klopstocks Ode „Lyda" war hier eine Komposition von Carl Philipp Emanuel Bach (s. Anm. 144) abgedruckt (GMA 1775, S. 111 und sowie Anhang dazu). „Die Schlummernde", ebenfalls von Bach vertont, ist ein Text von Johann Heinrich Voß (GMA 1775, S. 33 sowie Anhang hierzu). Des Weiteren meint Miller eine Vertonung von Klopstocks „Jüngling" durch Christoph Willibald Gluck (1714-1787) im GMA 1775 (S. 160 f. sowie Anhang dazu). – Welchen Text Miller mit „Mein Lied" meint, ist unklar. Es finden sich im Almanach mehrere aus Millers Feder, wie z. B. Millers „Nonnenlied" (GMA 1775, S. 145), „Lied eines Gefangenen" (GMA 1775, S. 158 f.) und „Lied einer Nonne" (GMA 1775, S. 130). Die mit der Chiffren J und L versehenen Texte „Baurenlied" und „Klagelied einer Bäuerin" stammen auch von Miller (GMA 1775, S. 43 bzw. S. 79 f.); vgl. Redlich: Versuch eines Chiffernlexikons, S. 8 und 10, wie Anm. 85.

[152] Die einleitenden Kupfer für den Almanach (siehe Anm. 150).

[153] Johann Christian Dieterich (1722-1800), Göttinger Verleger, publizierte den Göttinger Musenalmanach.

[154] Johann Heinrich Voß schrieb in einem Brief vom 27.11.1774 an Miller: „Boie minor [d.h. Christian Rudolf] grüßt, u dankt für den Brief, den er heute nicht beantworten kann." (Voß an Miller, in: von Stosch, S. 44, Brief Nr. 12). Demnach hatte Miller zuvor diesem geschrieben. Christian Rudolf Boie erwähnt in den ersten Zeilen seines Antwortschreibens (Brief Nr. 7 dieser Arbeit, S. 35), dass er einen Brief erhalten hatte, der scheinbar auch an Overbeck (s. Einleitung dieser Arbeit, S. 20) gerichtet war. Auch die Erwähnung Nordheims in diesem Brief spricht dafür, dass das Schreiben zugleich an Overbeck gerichtet war (s. Anm. 157). Außerdem erwähnt Christian Rudolf Boie zu Beginn seines Schreibens, dass Overbeck „schon geantwortet" habe.

[155] Miller schrieb Mitte Januar 1775 an Johann Heinrich Voß: „Ich weiß nicht, ob ich noch an den [ä]ltern Boie schreiben kann; wenn ichs nicht thue, so entschuldige mich bey ihm, und dank ihm für seinen Brief! Ich schr[ei]be nächstens." (Miller an Voß in einem Brief vom 18.- 22(?).1.1775, in: von Stosch, S. 57, Brief Nr. 16). Mit dem „[ä]ltern Boie" meint Miller hier Heinrich Christian. Aus Millers Äußerung geht hervor, dass er etwa zu der Zeit einen Brief von Heinrich Christian Boie erhalten hat; dieser hatte vermutlich auf Millers Schreiben vom 12. November 1774 geantwortet.

[156] Christian Rudolf Boie hat hier nur den Monat notiert, nicht aber das Tagesdatum. Er erwähnt in diesem Brief, dass Bürger etwa „vor vierzehn Tagen [...]" (S. 37 dieser Arbeit) geheiratet habe (s. hierzu Anm. 180); demnach müsste Christian Rudolf Boie den Brief Anfang Dezember begonnen haben.

[157] Christian Rudolf Boie und Overbeck begleiteten Miller und Hölty auf deren Reise nach Leipzig im Oktober 1774 bis Nordheim.

[158] Gottlob Dietrich Miller (s. Anm. 105); er wohnte wie Miller bei dessen Onkel, s. Anm. 74.

[159] Siehe Anm. 74.

[160] Wort nachträglich eingefügt.

[161] Unleserliches Wort.

[162] Im April 1775 zog Voß nach Wandsbek, er traf am 27. April dort ein. Hölty konnte auf Grund seiner schlechten Gesundheit nicht wie geplant mit Voß reisen (vgl. von Stosch, S. 431). – Heinrich Christian Boie verließ Göttingen erst zu einem späteren Zeitpunkt.

[163] Siehe hierzu Anm. 188.

[164] Gemeint sind die Subskribenten Klopstocks.

[165] Vermutlich Carl Philipp Emanuel Bach (s. Anm. 144), der in Hamburg mit Klopstock in Kontakt stand (vgl. Herbst, Bd. 1, S. 164). Heinrich Christian Boie hatte im Göttinger Musenalmanach auf das Jahr 1774 zwei Vertonungen des Komponisten veröffentlicht (s. Anm. 151). – Das gemeinte Werk Bachs ist nicht ermittelt.

[166] Christian Rudolf Boie spielt hier auf Klopstocks Zugeständnis an, sich als Beiträger des Voß'schen Almanach namentlich nennen zu lassen. Der Almanach sollte nicht in Göttingen in Dieterichs Verlag erscheinen (s. Anm. 188).

[167] Lies: Dieterich, s. Anm. 153.

[168] Voß verschickte die Alembert-Übersetzung am 12.12.1774, sie erschien in Johann Friedrich Weygands Verlag im Jahre 1775 in Leipzig. Es handelte sich um Jean Le Rond d'Alemberts „Essai sur la Société des gens lettres" (vgl. Martin Grieger: Freyheit, Wahrheit und Armuth. Zu Voß' Übersetzung des Essai sur la Société des gens lettres von Alembert. In: „Ein Mann wie Voß...", Ausstellungskatalog der Eutiner Landesbibliothek, des Gleimhauses und der Johann-Heinrich-Voß-Gesellschaft zum 250. Geburtstag von Johann Heinrich Voß, hg. von Frank Baudach und Ute Pott. Bremen 2001, S. 148-154).

[169] Wort nachträglich eingefügt, ursprünglich hatte Christian Rudolf Boie „Vorigen" geschrieben. Die Silbe „Vor" ließ er stehen, den Rest des Wortes strich er, so dass das der Satzanfang wie im Brief oben lautet.

[170] Johann Friedrich Boie (1716-1776), seit 1774 Probst in Flensburg.

[171] Wort nachträglich eingefügt.

[172] Wort nachträglich eingefügt.

[173] Vermutlich „Alle", unleserlich.

[174] Anfang Dezember 1774 war im „Beytrag zum Reichs-Postreuter" ([Altona] 1774, 5. Dezember, S. 4) eine Besprechung des Göttinger Musenalmanach auf das Jahr 1775 erschienen, in dem Dichter des Almanaches kritisiert und als Barden bezeichnet wurden. Eine französische Übersetzung, die ausführlicher war, stand in der „Gazette des Deux-Ponts" im November 1774 (vgl. von Stosch, S. 417 f., s. auch folgende Anm.).

[175] Siehe vorige Anm., gemeint ist die „Gazette des Deux-Ponts", eine französischsprachige politische Zeitung im 18. und 19. Jahrhundert. Sie erschien ab 1770 in Zweibrücken.

[176] Johann Heinrich Voß hatte Christoph Martin Wieland in seiner Ode „Michaelis" angegriffen, sie war im Göttinger Musenalmanach auf das Jahr 1775 erschienen (vgl. a. a. O., S. 209).

[177] Möglicherweise meint Christian Rudolf Boie hier Voß´ Beitrag „An Rolf" im Göttinger Musenalmanach auf das Jahr 1775, S. 63 f.

[178] Lies: den.

[179] Möglicherweise eine Zahlungserinnerung; Zusammenhang nicht ermittelt.

[180] Bürger heiratete Dorothea Marianne Leonhart (1756-1784) am 22. November 1774 (vgl. Helmut Scherer: Lange schon in manchem Sturm und Drange – Gottfried August Bürger. Der Dichter des Münchhausen. Berlin 1995, S. 207)

[181] Miller schrieb einen Brief an Boie, nachdem er einen an Johann Heinrich Voß am 23. Februar 1775 verfasst hatte. Darin teilte Miller mit: „An den ältern Boie schreib ich noch wo möglich, morgen" (Miller an Voß vom 20.-23.2.1775, in: von Stosch, S. 78, Brief Nr. 21). Der Brief Millers lag Boie vor dem 13. März 1775 vor. Voß, der wie Boie auch zu dieser Zeit noch in Göttingen wohnte, schrieb zumindest an diesem Tag an Miller: „Boien hat dein kalter Brief, wie er sagt, verdroßen." (Voß an Miller am 13.3.1775, in: von Stosch, S. 80, Brief Nr. 23). Darauf antwortete Miller Voß dann am 19. März 1775: „Tausend Grüsse an alle Brüder [des Hains], besonders an den beleidigten Boie, den ich nicht beleidigen wollte" (in: von Stosch, S. 80, Brief Nr. 24).

[182] Aus den ersten Zeilen des Briefes von Heinrich Christian Boie an Miller und Voß vom 27. April (Brief Nr. 11 dieser Arbeit) geht hervor, dass die zwei ihm jeweils einen Brief zukommen lassen hatten: „Eure Briefe, meine Lieben, machten mir große Freude...". Beide Briefe kamen laut Heinrich Christian Boie verspätet an. Noch am 24. April hatte er an Voß geschrieben: „Ein wenig ärgerlich, daß mir die so gewisse Hoffnung, gestern von Ihnen und Millern zu hören, zu Waßer worden ist, möcht´ ich heut mit Ihnen zanken, liebster Voß, wenn ich Zeit dazu hätte." (Heinrich Christian Boie an Johann Heinrich Voß am 24.4.1775, handschriftlich Biblioteka Jagiellonska, wie Anm. 32). Aus dieser

86

Äußerung und dem Beginn des Briefes vom 27.4.1775 geht hervor, dass Boie beide Briefe zwischen dem 24. und 27. April erhalten hatte. Vermutlich wurden die Briefe in einer Sendung versandt; Boie schrieb nämlich in seinem Brief: „Aber warum blieb auch euer Brief einen Posttag liegen?" (s. Brief Nr. 11 dieser Arbeit). – Brief Nr. 11 ist der Antwortbrief auf Brief Nr. 9 dieser Arbeit. Es ist möglich, dass Miller das Schreiben, das in dieser Arbeit als Brief Nr. 10 aufgeführt wird, auch vor dem hier als Brief Nr. 9 bezeichneten Schreiben verfasste. Boie lag der Brief Nr. 9 dieser Arbeit ja am 27. April 1775 vor. Den Brief Nr. 10 erhielt Boie erst später (s. folgende Anm.). Denkbar ist, dass Miller nach dem Schreiben, das in dieser Arbeit als Brief Nr. 9 aufgeführt wird, noch einmal an Boie schrieb und diesen Brief den Brüdern Stolberg mit auf die Reise in die Schweiz gab, die ihn aber nicht in Göttingen abgaben (s. Anm. 32). Dieser Brief Millers müsste dann kurz vor dem 27. oder spätestens am 29. April 1775 geschrieben worden sein, da die Grafen Stolberg am 1. Mai zu ihrer Schweiz-Reise aufbrachen. Voß war am 27. April nach Wandsbek gezogen, Miller traf dort spätestens am 29. des Monats ein (vgl. Breitenbruch, S. 76 sowie von Stosch, S. 451 bzw. Herbst, Bd. 1, S. 162). Da nicht ermittelt werden kann, wann Brief Nr. 10 entstanden ist (vor oder nach dem 27. April) ist die Nummerierung der Briefe Nr. 10 und 11 in Frage zu stellen.

[183] Die Brüder Boie erwähnen in zwei verschiedenen Schreiben an Voß, dass Heinrich Christian am 31. Mai 1775 einen Brief Millers durch die Grafen Stolberg erhielt, den diese aus Karlsruhe schickten, weil sie vergessen hatten, in Göttingen abzugeben (s. Anm. 32). – Siehe vorige Anm. zur Reihenfolge der Briefe 9 und 10.

[184] Miller hatte sich seit dem 13. April 1775 im Verlauf des ausgedehnten Rückweges von Leipzig nach Ulm in Hamburg aufgehalten und zog mit Voß am 27. April oder kurz danach nach Wandsbek (s. Anm. 182). Interessant ist, dass sich Boie in seinen Schreiben in der Folgezeit, in der Miller bei Voß wohnte, an diesen wendet. Miller, der erst am 10. Juni 1775 in Richtung Ulm wieder abreiste, wird hier meist nur gegrüßt.

[185] Yorick ist eine Nebenfigur aus dem Roman „Tristram Shandy" von Lawrence Sterne. In Sternes Werk „Yoricks empfindsame Reise durch Frankreich und Italien" wird dieser zur Hauptfigur. In dem Kapitel „Der

Geleitbrief – Das Hotel zu Paris" trifft er auf einen eingesperrten Star in einem Käfig. Der Star teilt mit, dass er nicht herauskönne. Yorick möchte daraufhin den Vogel befreien, aber die Tür lässt sich nicht öffnen (vgl. Lawrence Sterne: „Yoricks empfindsame Reise durch Frankreich und Italien, nebst einer Fortsetzung von Freundeshand". Nördlingen 1986, S. 127 f.). Siehe zu Boies Situation in diesem Zusammenhang Anm. 230 sowie Brief Nr. 13 dieser Arbeit, S. 44.

[186] Christian und Friedrich Leopold Stolberg (s. Einleitung dieser Arbeit, S. 14); sie brachen am 1. Mai zu einer Reise in die Schweiz auf (s. auch Anm. 32).

[187] Hölty plante am 28. April aus Göttingen nach Mariensee, woher er stammte, abzureisen, da sein Zimmer neu vermietet war (vgl. Hölty an Voß am 27.4.1775, in: Hettche, S. 384, Brief 46). – Voß, Miller und die Grafen Stolberg hatten sich im April 1775 in Hamburg und Altona getroffen.

[188] Voß wollte unabhängig von dem Göttinger Verleger Dieterich (s. Anm. 153) seinen eigenen Almanach von Hamburg aus herausbringen. Sein Musenalmanach auf das Jahr 1776 erschien im Oktober 1775, gedruckt von Johann Georg Berenberg, Lauenburg (vgl. von Stosch, S. 398).

[189] Bedeutung im Zusammenhang unklar, möglicherweise meint Boie eine Pferdekeste bzw. Pferdekastanie (vgl. Deutsches Wörterbuch, wie Anm. 87, Bd. 13, Sp. 1686, abgerufen am 8.10.2021). In dem Nachschlagewerk „Oekonomische Encyclopädie oder allgemeines System der Staats-, Stadt-, Haus- und Landwirtschaft in alphabetischer Ordnung", hg. von Johann Georg Krünitz u. a. (1772-1858) in 242 Bänden, findet sich folgender Vermerk in dem Artikel „Kastanie" und dort unter dem Stichwort „Die gemeine Roßkastanie": „Die Türken glauben, daß [... die] Frucht [des Baumes] den Pferden [...] gestoßen und unter das Futter gemengt, eine Arzeney sey, wiewohl man sich [...] ihrer in Europa beynahe nirgends zu dieser Absicht bedient; wenigstens haben die Türken ihm daher den Nahmen gegeben, welchen wir durch Pferde= oder Roß=Kastanie [...] beybehalten haben." (Artikel „Kastanie", in: Johann Georg Krünitz: Ökonomisch-technologische Enzyklopädie, Band 35 [1785], S. 606 f. [elektronische Ausgabe der Universitätsbibliothek Trier, URL: http://www.kruenitz.uni-trier.de/]). –

Mit „Boden" meint Boie den Hamburger Drucker, Verleger und Übersetzer Johann Joachim Christoph Bode (1730-1793).

[190] Boie spielt hier wahrscheinlich auf die Übersetzertätigkeit bzw. Übersetzungsabsichten einiger Haindichter an; zu seiner Übersetzungsarbeit s. Anm. 232.

[191] Brief nicht überliefert. James Macphersons (1736-1796) „Ossian" (London 1762) gab vor, eine Übersetzung gälischer Texte zu sein, und wurde zu der Zeit begeistert gelesen.

[192] Johann Peter Miller, s. Anm. 74.

[193] Vermutlich handelt es sich um Gedichte oder Texte, die Miller zugesandt haben wollte.

[194] Siehe Anm. 45.

[195] Friedrich Müller, genannte Maler Müller (1749-1825). Hahn kannte ihn aus seiner Heimat Zweibrücken, wo Müller sich 1766/1767 als Maler in Ausbildung befand, und hatte ihn in Verbindung zum Hain gebracht. Müller war Beiträger zum Göttinger und zum Vossischen Almanach, der hier gemeint ist (vgl. von Stosch, S. 373).

[196] Unleserlich, Wasserflecken.

[197] Unleserlich, Wasserflecken.

[198] Siehe Anm. 252.

[199] Friedrich Wilhelm Gotter (1746-1797), Dichter, gemeinsam mit Boie Begründer des Göttinger Musenalmanachs.

[200] Zu Ramler s. Anm. 147. – Boie und er kannten sich seit Boies Aufenthalt in Berlin 1769/1770.

[201] Gemeint sind hier die Mitglieder des sogenannten Göttinger Hains.

[202] Christian Ludwig von Hagedorn (1712-1780), Direktor der Dresdner Kunstakademie. Lessing erhielt tatsächlich das Angebot, Hagedorns Nachfolger zu werden, nahm es aber nicht an. In Wien waren „verschiedene österreichische Instanzen im Hinblick auf eine Anstellung" an ihm interessiert (Hugh Barr Nisbet: Lessing. Eine Biographie. München 2008, S. 583, vgl. ferner ebd., S. 597).

[203] Wahrscheinlich Joachim Christian Blum (1739-1790): „Das befreyte Ratenau" (Leipzig 1775), Beiträge von ihm wurden bereits im Göttinger Musenalmanachs auf das Jahr 1773 veröffentlicht.

[204] Boie meint hier sein Elternhaus, in dem auch die Schwester Ernestine lebte, s. auch Anm. 239.

[205] Peter Willers Jessen (s. Einleitung dieser Arbeit, S. 13) war Buchhändler in Flensburg und mit Magdalena Elisabeth Boie (1747-1787), einer weiteren Schwester Boies, verheiratet.

[206] David Hermann Piehl (1742-nach 1790?), seit 1763 mit Unterbrechung Student in Göttingen, Rückkehr nach Göttingen 1767 als Privatdozent, 1773 Professor der Mathematik am Gymnasium in Zweibrücken, ab Sommersemester 1775 Professor der Mathematik in Gießen (freundliche Mitteilung von Martin Grieger, Hamburg).

[207] Johann Georg Philipp Thiele (1748-ca.1830), Professor für klassische Philologie in Göttingen (vgl. Wilhelm Ebel: Catalogus Professorum Gottingensium 1734-1962. Göttingen 1962, S. 133).

[208] Christian Jacob Wagenseil (1756-1839) immatrikulierte sich am 19. September 1775 in Göttingen, späterer Advokat in Kaufbeuren, Dichter, Herausgeber.

[209] Miller war am 6. August 1775 nach Ulm zurückgekehrt. Nachdem er vermutlich am 21. März 1775 Leipzig verlassen hatte, führte er seine Reise über Göttingen, Hamburg und Wandsbek weiter, um Freunde und literarische Kollegen zu besuchen. – In Göttingen kam Miller am 24. März 1775 an. Hier traf er auch Heinrich Christian Boie wieder sowie Voß und Klopstock, der sich auf der Durchreise hier befand. Zu Beginn des Aprils reiste Miller dann mit Klopstock nach Hamburg. Heinrich Christian Boie und Voß begleiteten die beiden zunächst bis nach Einbeck. In Hamburg blieb Miller bis Ende April. Danach verbrachte Miller etwa sechs Wochen mit Voß und Matthias Claudius in Wandsbek. Auf der Rückreise hielt Miller sich noch einmal vom 20. Juni bis 1. Juli in Göttingen auf. Nach eigenen Worten sah er Boie anfänglich kaum (vgl. Miller an Voß, Nachtrag vom 25.6.1775 in einem Brief vom 22.6.1775, handschriftlich in der Eutiner Landesbibliothek, Autograph II. 3. Vgl. auch Breitenbruch, S. 73 f); allerdings war Miller bis hierhin erst zwei Tage in Göttingen. Nach seinem Aufenthalt in Göttingen machte Miller Station in Münden und reiste über Gießen, Wetzlar, Frankfurt a. M. und Darmstadt in seine Heimatstadt Ulm.

[210] Nicht ermittelt.

[211] Maurerei, Freimaurerei (vgl. von Stosch, S. 460).

[212] Friedrich Maximilian Klinger (1752-1831), Dramatiker. Miller hatte ihn im Juli 1775 auf seiner umwegreichen Rückreise nach Ulm

90

getroffen (s. auch Anm. 224 dieser Arbeit).

[213] Heinrich Leopold Wagner (1747-1779), Schriftsteller. Ihn hatte Miller im Sommer 1775 in Frankfurt a. M. für einige Tage besucht.

[214] Lies: langweilen.

[215] Johann Heinrich Merck, s. Anm. 107. Er und Heinrich Christian Boie wechselten Briefe; sie hatten sich Mitte Oktober 1774 in Darmstadt getroffen (vgl. Schmidt-Tollgreve, S. 45). Miller hatte Merck Anfang August 1775 getroffen (vgl. von Stosch, S. 468).

[216] Christian Friedrich Daniel Schubart (1739-1791), Lyriker und Journalist, mit Miller in Ulm befreundet. Schubart gab die „Deutsche Chronik", eine politisch kulturelle Zeitschrift, seit dem Jahre 1774 heraus. Als Schubart im Januar 1777 auf Veranlassung des Herzogs Karl Eugen, der sich von ihm beleidigt fühlte und ihn auf Würtembergisches Gebiet lockte, für zehn Jahre ins Gefängnis musste, führte Miller mit seinem Freund Konrad Friedrich Köhler die Zeitschrift weiter (vgl. Breitenbruch, S. 87). Ab April 1777 gaben sie die Redaktion auf und in andere Hände (vgl. ebd., S. 90 f.). Ein Grund hierfür war, dass Miller keine Freude an der Herausgabe der Zeitschrift hatte. Zum Verhältnis von Schubart und Miller vgl. Bernd Jürgen Warneken: Schubart. Der unbürgerliche Bürger. Frankfurt. a. M. 2009, S. 117.

[217] Jeremias Jakob Wohler (1705-1785), Buchhändler und Verleger in Ulm. Er verlegte das „Ulmische Intelligenzblatt", das zunächst ein reines Anzeigenorgan war und durch Schubart, der Anfang 1775 nach Ulm kam und sich an der Redaktion beteiligte, dann eine andere Gestalt bekam (vgl. Breitenbruch, S. 86).

[218] Zu Klopstocks Karlsruher Aufenthalt s. Anm. 96.

[219] Mit der zweiten Hälfte des Jahres 1773 löste sich der sog. Göttinger Hain auf, da sich die Mitglieder von diesem Zeitpunkt an in alle Richtungen des damaligen Deutschlands verteilten, um in der Mehrheit ins Berufsleben einzusteigen. Voß war seit Ende April 1775 in Wandsbek, was Miller ja bekannt war. Dieser hatte seit ihrem dortigen Zusammenleben keinen Brief an Miller geschrieben (vgl. Voß und Miller, Briefwechsel, in: von Stosch, S. 84 ff.). Hölty hatte Göttingen ebenfalls im Frühjahr 1775 verlassen. Er war über Hannover zunächst in seine Heimat Mariensee gegangen. Johann Anton Leisewitz (s. Anm. 122) hatte Göttingen bereits im September 1774 verlassen, wonach er sich

91

zunächst in Celle und in Hannover aufhielt.

[220] Friedrich Wilhelm Weis (1744-1826), Arzt in Göttingen. Er vertonte Texte der Hain-Dichter.

[221] Christian Conrad Wilhelm von Dohm (1751-1820) hatte sich im Mai 1774 in Göttingen als Student eingeschrieben, gab ab 1776 mit Boie das „Deutsche Museum" heraus.

[222] Vermutlich Gottlieb Barkhausen, s. Anm. 139.

[223] „Freiheitsgesang aus dem zwanzigsten Jahrhundert" von Friedrich Leopold Stolberg; zu Stolberg vgl. Dirk Hempel: Friedrich Leopold Graf zu Stolberg (1750-1819). Staatsmann und politischer Schriftsteller. Weimar, Köln, Wien 1997, S. 58 sowie S. 79.

[224] Im Juli 1775 traf Klinger, der in Gießen studierte, sich mit Miller und dessen Verwandten Gottlob Dieterich in Wetzlar. Miller folgte Klinger nach Gießen. Dort hielt er sich als sein Gast bis Ende dieses Monats auf (vgl. Breitenbruch, S. 79).

[225] Ludwig Julius Friedrich Höpfner (1743-1797), seit 1771 Professor an der Universität Gießen, war mit Boie seit 1769 bekannt (vgl. Weinhold, S. 65).

[226] Nach seiner Rückkehr von der Spa-Reise wollte Boie das Leben in Göttingen „nicht [mehr] recht schmecken" (Boie an seinen Bruder Reinhold am 12.12.1774, zitiert nach Schmidt-Tollgreve, S. 53). Schon vorher gab es im Amt als Hofmeister Konflikte mit einigen Zöglingen. Boie deutete schon in seinem Schreiben vom 27. April 1775 (Brief Nr. 11 dieser Arbeit) gegenüber Miller und Voß an, dass er über eine Veränderung nachdachte (s. auch Anm. 230).

[227] August Siegfried von Goue (1742-1789): „Masuren oder der junge Werther. Ein Trauerspiel aus dem Illyrischen". Leipzig, Frankfurt a. M. 1775.

[228] Miller war examinierter Kandidat der Theologie und musste sich auf eine Wartezeit bis zur Übernahme eines Pfarramtes einstellen (vgl. Breitenbruch, S. 107)

[229] Millers jüngere, noch unvermählte Schwester Anna Maria (1753-1791).

[230] Boie und Miller hatten sich das letzte Mal in der Zeit zwischen dem 20. Juni bis 1. Juli 1775 in Göttingen gesehen (vgl. Breitenbruch, S. 73). Boie bezieht sich demnach auf die Folgezeit, was seine schlechte

92

Stimmung betrifft. Hierfür gab es mehrere Gründe. Nach der Rückkehr von der Spa-Reise im Oktober 1774 war Boie seines Amtes als Hofmeister müde, das Leben in Göttingen gefiel ihm nicht mehr recht. Zu seiner Gefühlslage mag auch die schlechte gesundheitliche Verfassung seines Vaters beigetragen haben. Zudem stand es um Boies Finanzen schlecht. In seinem obigen Schreiben erwähnt Boie, dass er erwog, seine Büchersammlung zu verkaufen (vgl. hierzu auch Weinhold, S. 71). Nach der Entlassung aus den Hofmeisterdiensten im Sommer 1775 weigerte sich der Vater seines Zöglings John Vaughan, noch offene Rechnungen zu zahlen. Im August ging ein weiterer Zögling namens Robinson (vgl. Schmidt-Tollgreve, S. 55). Damit hatte Boie keine weiteren Hofmeisterpflichten mehr zu erfüllen. Der Sommer und Herbst 1775 waren also für Boie eine Zeit der Ungewissheit, was seinen weiteren Werdegang betraf. Noch im November 1775 berichtete Boie den Grafen Stolberg, dass er in einer bedrückten Stimmung sei (vgl. Boie an Christian und F. L. Stolberg am 20.11.1775, in: Bobé, wie Anm. 24, Bd. 8, S. 36).

[231] Boie spricht hier von seinem aufgegebenen Amt als Hofmeister und bezieht sich im Folgenden vermutlich auf die noch offenstehenden Zahlungen (s. vorige Anm).

[232] Boie arbeitete im Jahre 1775 an einer Auswahl englischer Gedichte, die er aber nicht herausgab. Gegenüber Johann Heinrich Merck erwähnte Boie im Juni, dass er die Sammlung für den Druck fertig habe. Im Winter des Jahres 1775 hoffte er, sie drucken zu lassen (vgl. Boie an Johann Heinrich Merck am 24.6.1775, handschriftlich in der Stiftung Weimarer Klassik, Goethe- und Schiller-Archiv, Sign. 96/239; vgl. ferner Weinhold, S. 73). 1776 erschien in Zusammenarbeit mit Johann Heinrich Voß „Reisen in Klein-Asien unternommen auf Kosten der Gesellschaft der Dilettanti" von Richard Chandler, im Jahre 1777 dessen „Reisen in Griechenland", die Boie ohne Voß' Hilfe übersetzte.

[233] Das „Deutsche Museum" (1776-1788) gab Heinrich Christian Boie anfangs gemeinsam mit Dohm (s. Anm. 221), später alleine heraus. Es war eine umfangreiche Monatsschrift, die in der Weygandschen Buchhandlung (Leipzig) erschien. Es wurde ab 1789 bis 1791 als „Neues Deutsches Museum" in einem anderen Verlag veröffentlicht (vgl.

Schmidt-Tollgreve, S. 55 ff.).

[234] Prosa sowie umfangreichere lyrische Texte zählten ebenfalls zu den von Boie veröffentlichten Beiträgen im „Deutschen Museum".

[235] Friedrich Leopold Stolberg hielt sich mit seinem Bruder Christian bis November 1775 im Rahmen einer Reise in der Schweiz auf.

[236] „Der Felsenstrom" von Friedrich Leopold Stolberg (veröffentlicht im Vossischen Musenalmanach für das Jahr 1776, S. 211-213).

[237] Hier meint Boie den geplanten zweiten Band der „Gelehrtenrepublik" Klopstocks, von dem nur noch handschriftliche Nachlassfragmente überliefert sind. Dieser Teil ist von Klopstock nicht vollendet worden. Freundliche Mitteilung von Herrn Dr. Klaus Hurlebusch, Hamburg.

[238] Der Vossische Musenalmanach für das Jahr 1776, den Voß in Wandsbek herausgab, nachdem er die Redaktion des Göttinger Musenalmanachs für das Jahr 1775 besorgt hatte.

[239] In Flensburg lebten Boies Eltern und dessen Schwester Ernestine (s. Einleitung dieser Arbeit, S. 13), welche Voß 1774 kennen lernte und im Juli 1777 heiratete. Voß besuchte die Familie Boie im Jahre 1775 erneut; bei diesem Wiedersehen verlobten sich Ernestine Boie und Voß (vgl. Kerstin Gräfin von Schwerin: Johann Heinrich Voß. Erlangen 2013, S. 40 f.).

[240] Boies Familie in Flensburg. Eine Reise war aus finanziellen Gründen nicht möglich (vgl. Boie an die Grafen C. und F. L. Stolberg am 20.11.1775, in: Bobé, wie Anm. 24, Bd. 8, S. 37). Der Reiseplan war aufgrund der Auseinandersetzungen Boies als Hofmeister mit dem Vater seines Zöglings (s. Anm. 230) auch erneut verschoben und schließlich ganz aufgehoben worden. Dies geht aus einem Brief Heinrich Christian Boies vom 28.11.1775 an Heinrich Wilhelm von Gerstenberg hervor (handschriftlich Bibliotheka Jagiellonska, Sign Boie, wie Anm. 32).

[241] Boie hatte entgegen seiner Auskunft zumindest an einige Freunde wie Merck, Sprickmann und Gleim geschrieben (vgl. Schmidt-Tollgreve, S. 124).

[242] Siehe Anm. 213. Das im Folgenden angesprochene Stück war wohl „Die Reue nach der That" (Frankfurt a. M. 1775). Wagners „Kindermörderin" (Leipzig 1776) entstand vermutlich in der ersten Hälfte des Jahres 1776 (vgl. Erich Schmidt: Heinrich Leopold Wagner.

Goethes Jugendgenosse. Jena 1875, S. 39).

[243] „Julius von Tarent" von Leisewitz. Im Februar hatten das Hamburger Theater, die Schauspielerin Sophie Charlotte Ackermann und der Schauspieler Friedrich Ludwig Schröder auf Anregung des Verlegers Johann Joachim Christoph Bode eine Ankündigung veröffentlicht, in der Dramatiker zur Einsendung eines Stückes aufgefordert wurden. Der beste Beitrag sollte mit einer Geldsumme honoriert werden. Nicht Leisewitz erhielt für sein Stück den Preis, sondern Friedrich Maximilian Klinger für das Drama „Die Zwillinge". Allerdings fand die Entscheidung nicht die Zustimmung der Kritik, die Leisewitz' Stück den Vorrang vor den „Zwillingen" einräumte (vgl. von Aichbergen, wie Anm. 122, S. 72 f.).

[244] Goethe hatte 1772 den Aufsatz „Von deutscher Baukunst" geschrieben, der das unter Erwin von Steinbach erbaute Straßburger Münster thematisierte. Auf der Fahrt in die Schweiz im Mai 1775 und auf der Rückreise im Sommer desselben Jahres suchte Goethe das Straßburger Münster auf, woraufhin er das Prosagedicht „Dritte Wahlfahrt nach Erwins Grabe im Juli 1775" verfasste (vgl. Conrady, wie Anm. 116, S. 138 sowie S. 255).

[245] Zu Lenz s. Anm. 103. Möglicherweise meint Boie hier Lenz' Schrift „Die Wolken". Das Stück war eine Streitschrift gegen Wieland in Anlehnung an die aristophanische Komödie; Lenz ließ sie später vernichten. Der Text war im Zeitraum September bis Oktober 1775 fertig geworden; Lenz hatte Boie gegenüber in einem Brief vom 2.10.1775 „Die Wolken" erwähnt (vgl. Briefe von und an J. M. R. Lenz, gesammelt und hg. v. Karl Freye und Wolfgang Stammler, Bd. 1. Nachdruck der Leipziger Ausgabe von 1918. Bern 1969, S. 134 f.). Allerdings hatte Lenz Boie nichts von einer Satire geschrieben.

[246] Johann Gottfried Herder hoffte im Sommer 1775 nach Göttingen zu gehen, wo ihm eine Anstellung als Professor angeboten worden war. Daraus wurde jedoch nichts (vgl. Michael Zaremba: Johann Gottfried Herder – Prediger der Humanität. Eine Biographie. Köln 2002, S. 146 ff.).

[247] Eberhard Friedrich Frhr. von Gemmingen (1726-1791), Dichter.

[248] Johann Ludwig Huber (1723-1800), Dichter und Übersetzer, Verfasser von „Versuche mit Gott zu reden" (Reutlingen 1775).

95

[249] Vermutlich Ernestine Boie, s. Einleitung dieser Arbeit, S. 13.

[250] Unter dem Namen Rosalia wurden in Voß' Almanach für 1776 zwei Gedichte von Philippine Gatterer (1756-1831) veröffentlicht, bei denen Boie Verbesserungen eingefügt hatte (vgl. Langguth, wie Anm. 46, S. 37 sowie Gerhard Hay: Die Beiträger des Voss´schen Musenalmanachs. Ein Verzeichnis. Hildesheim, NewYork 1975, S. 25).

[251] Johann Christian Dieterich, siehe Anm. 153.

[252] Als Boie im Sommer 1774 Göttingen für längere Zeit verließ, hatte er Voß die Zusammenstellung des Göttinger Musenalmanachs für das Jahr 1775 übertragen. Voß setzte eine Anfeindung gegen Wieland in den Almanach und Heinrich Christian Boie beschloss nur kurz nach seiner Rückkehr, die Redaktion der Sammlung niederzulegen. Voß führte den Göttinger Musenalmanach unter anderem deshalb nicht weiter, da er das von dem Verleger Dieterich angebotene Honorar in Höhe von 150 Reichsthalern als zu niedrig ansah. Er entschied sich dafür, einen Almanach im Selbstverlag herauszugeben. Dieterich erwähnte in der von Boie oben angesprochenen Mitteilung, dass er Voß als nachfolgenden Herausgeber des in seinem Verlag erscheinenden Musenalmanachs gar nicht gewünscht hatte (vgl. Dieterich: „Beytrag zum Reichs-Postreuter", [Altona] 1775, 7. September, S. 4). In der Mitteilung kritisierte Dieterich Voß auch, weil dieser seinen im Selbstverlag erscheinenden Almanach damit ankündigt hatte, dass zu diesem alle Autoren des Göttinger Musenalmanachs Beiträge liefern würden, die zuvor für die in Dieterichs Verlag erscheinende Göttinger Sammlung gearbeitet hatten (vgl. a. a. O., vgl. auch Voß´ [„Anzeige zur Subskription für den Vossischen Musenalmanach für 1776"], erschienen u. a. in: Kaiserlich=priviligirte Hamburgische Neue Zeitung. 9. Jahrgang 1775. 77. St., 16. May, [S. 3-4]). Voß hatte in seiner Subskriptionsanzeige geschrieben, dass die Fortsetzungen des Göttinger Musenalmanachs „mit den vorigen Musenalmanachen [in Dieterichs Verlag] weiter keine Aehnlichkeit haben, als den Titel, und von ungedruckten Gedichten bloß solche enthalten, die ein dichtendes Publicum, den Bogen für 20 Reichsthaler, zusammenschreibt." (Voß, in seiner oben erwähnten Subskriptionsanzeige). Dieterich widersprach dem in seiner Mitteilung im Reichs-Postreuter im September. Boie schrieb daraufhin eine Erwiderung, worin er Voß und dessen Vorgehen

hinsichtlich seines eigenen, im Selbstverlag erscheinenden Almanachs verteidigte (vgl. Boie: „Beytrag zum Reichs-Postreuter", [Altona] 1775, 2. Oktober, S. 4). Überdies bemerkte Boie hier, dass er zwischen Voß und Dieterich habe vermitteln wollen. Dieterich wiederum entgegnete mit einer Nachricht im Dezember, worin er Boie für seine Parteinahme kritisierte (vgl. Dieterich: „Beytrag zum Reichs-Postreuter", [Altona] 1775, 28. Dezember, S. 4). – Ob Dieterich andernorts etwas vor dieser Kritik an Boie veröffentlichte oder drucken ließ, ist nicht ermittelt.

[253] Siehe folgender Brief in dieser Arbeit, Zeile 1 f.

[254] Gemeint ist hier wohl auch Heinrich Christian Boie.

[255] Vermutlich Anna Magdalena Spranger, in die sich Miller vielleicht schon im Herbst 1775 verliebt hatte (s. Anm. 292).

[256] Unleserlich.

[257] Heinrich Christian Boie scheint im Februar 1776 nach Hannover gezogen zu sein, um sein Amt als Stabssekretär anzutreten. Spätestens einen Monat zuvor hatte er wahrscheinlich seine Ernennung erhalten (vgl. Weinhold, S. 76).

[258] Zu dieser Zeit Feldmarschall Friedrich August Frhr. von Spörcken (1698-1776).

[259] Boies „Deutsches Museum", s. Anm. 233.

[260] Johann Georg Schlosser (1739-1799), Jurist, marktgräflich badischer Geheimer Rat, Schriftsteller, Übersetzer, Goethes Schwager.

[261] Bürger versuchte 1776 im Versmaß Jambus Homer ins Deutsche zu übersetzen (vgl. Scherer, wie Anm. 180, S. 226).

[262] Vgl. Eduard Grisebach (Hg.): Gottfried August Bürger – Werke (2 Teile). Berlin 1885, 2. Teil, S. 1 ff. sowie S. 23 ff. „Der Raubgraf" wurde im Voss´schen Musenalmanach 1776 veröffentlicht, S. 113-120 (vgl. Hay, wie Anm. 250, S. 21)

[263] Matthias Claudius (1740-1815), Dichter, lebte in Wandsbek. Er hatte durch die Vermittlung Johann Gottfried Herders eine Stelle als Oberlandcommisarius in Darmstadt erhalten. Auf dem Weg dorthin beabsichtigte Claudius einen Aufenthalt in Göttingen zu machen. Die Abreise verzögerte sich jedoch. Claudius kam erst Mitte April in Darmstadt an (vgl. Urban Roedl: Matthias Claudius. Sein Weg und seine Welt. Hamburg 1950, S. 181 ff.).

[264] Nicht ermittelt.

[265] Hier ist Voß´ Musenalmanach gemeint (s. Anm. 188).

[266] Wort nachträglich eingefügt.

[267] Johann Friedrich Hahn hatte von vermutlich von September bis Oktober 1775 eine Reise nach Hamburg, Lauenburg und Wandsbek unternommen.

[268] Overbeck lieferte Beiträge für den Voss`schen Musenalmanach (vgl. hierzu Hay, wie Anm. 250, S. 47 f.).

[269] Heinrich Wilhelm von Gerstenberg (1737-1823), Schriftsteller, ab 1775 zunächst wohnhaft in Lübeck.

[270] Wahrscheinlich ist hier ein Gipsportrait Klopstocks gemeint, das Jacques Dominique Rachette (1744-1809) erstellte; hiervon wurden gerahmte Abdrucke angefertigt (vgl. von Stosch, S. 493). Dieses Portrait diente als Vorlage eines weiteren Bildes des Kupferstechers, Radierers und Miniaturmalers Christian Gottlieb Geyser (1742-1803), das im Vossischen Musenalmanach 1776 erschien.

[271] Anton Mathias Sprickmann, s. Einleitung dieser Arbeit, S. 16.

[272] Johann Benjamin Koppe (1750-1791), Professor der Theologie in Göttingen, zuvor Professor in Mitau.

[273] Johann Gottfried Herder hatte Aussicht auf eine Theologie-Professur seit Ende August 1775, im März 1776 entschied er sich nach längerem Zögern dagegen (vgl. Zaremba, wie Anm. 246, S. 147 ff.).

[274] Vermutlich „Sie", Wort nicht lesbar.

[275] Gottfried Leß (1736-1797), bis 1791 Professor der Theologie in Göttingen (vgl. Breitenbruch, S. 30).

[276] Streichung Christian Rudolf Boies: „wenigsten" statt „meisten".

[277] Unleserlich, „habe" wäre auch möglich.

[278] Johann David Michaelis (1717-1791), Theologe und Orientalist in Göttingen.

[279] Vermutlich „noch", unleserlich.

[280] Wohl Jeremia, der Schriftprophet im Alten Testament.

[281] Vermutlich schrieb Rudolf Boie „im Ganzen", unleserlich. Das zweite Wort ist hier nach einer Streichung von zwei anderen Wörtern nachgetragen worden; wahrscheinlich hatte er zunächst „in einzelnen Stellen" geschrieben. Das Wort „in" veränderte er vermutlich in „im".

[282] Christian Wilhelm Franz Walch (1726-1784), seit 1753 Professor an der Universität Göttingen, seit 1757 für Theologie. Die

98

Kirchengeschichte war sein Hauptgebiet (vgl. Breitenbruch, S. 30).

[283] Christian Rudolf Boie setzte im Herbst 1776 sein Studium der Theologie in Kiel fort.

[284] Unleserlich.

[285] Die Silbe „ein" („Einmal") wurde über eine andere, nicht mehr leserliche Silbe geschrieben.

[286] Reinhold Boie (1753-1794), der Bruder der beiden Boies, gelernter Buchhändler; er wurde 1787 Teilhaber seines Schwagers Peter Willers Jessen als Buchhändler und seit dem Jahre 1791 selbständiger Verlagsbuchhändler in Schleswig.

[287] Miller schrieb in einem Brief an Voß vom 15.6 bis 9.7.1776: „Deine neuen Gedichte must du mir doch schiken, zumal wenn du noch in Flensburg bist, wo du deinen Sekretair Rudolf [Boie] bey dir hast, wie mir [Heinrich Christian] Boie aus Hannover schreibt. [...] Leisewiz soll, wie Boie schreibt, in Berlin, u. Hölty in Hannover, u. zwar ziemlich hergestellt seyn." (in: von Stosch, S. 136, Brief Nr. 39; die zitierte Stelle schrieb Miller am 26.6.). Im Frühjahr 1776 hielt sich Voß für längere Zeit in Flensburg auf, dem Wohnort der Familie Boie und seiner späteren Frau Ernestine (vgl. Herbst: Voß, Bd. 1, S. 194). Ende Juni 1776 reiste Leisewitz nach Berlin (vgl. Kutschera, wie Anm. 122, S. 23). Miller hatte Boies Brief also vor dem 26. Juni erhalten, s. hierzu auch Anm. 291 sowie 299.

[288] Wilhelm Bode zitiert aus einem angeblichen Brief Heinrich Christian Boies an Miller vom 11. August 1776: „Der Herzog in Weimar soll viele tolle Streiche begehen, und Goethe soll brav mit ihm herumschwärmen. In Weimar haßt man Goethe sehr." (Goethe in vertraulichen Briefen seiner Zeitgenossen, zusammengestellt von Wilhelm Bode, hg. v. Regine Otto und Paul Gerhard-Wenzlaff. Berlin, Weimar 1979, Bd. 1, S. 197, Brief Nr. 303). Als Entstehungsort des Schreibens wird Flensburg angegeben. Der Original-Brief ist nicht erhalten. Die Angabe des Absender-Ortes passt in Hinblick auf Heinrich Christian Boie nicht mit dem angegebenen Briefdatum überein, zumal es keinen Hinweis gibt, dass er sich zu der Zeit in Flensburg aufhielt. Es könnte jedoch sein, dass Heinrich Christian Boie diesen Brief gar nicht geschrieben hat. Da Christian Rudolf Boie sich im Frühsommer 1776 in Flensburg aufhielt (vgl. Anm. 287 dieser Arbeit), ist es denkbar, dass er

99

diesen Brief geschrieben hat. In diesem Zusammenhang ist darauf hinzuweisen, dass das irrtümlich Heinrich Christian Boie zugeschriebene Bild in Bodes Goethe-Buch (Bd. 1, S. 113) nicht ihn, sondern seinen Sohn Heinrich zeigt (vgl. Jutta Müller: Die Porträts von Heinrich Christian Boie und Luise Mejer als Zeugnisse von Freundschaft und Liebe. In: Lohmeier, Schmidt-Tollgreve, Trende, S. 221-250, hier S. 249).

[289] Ernst Friedrich Baron Schaffalitzky (Schafferlitzky) von Muckadell (Mackadel) (ca. 1746-1820), aus der Nähe von Stuttgart. Zunächst beim württembergischen, später beim kaiserlichen Militär. Trat im Februar 1777 als Feldwebel in das Hessen-Hanauische Jägerkorps ein und ging mit diesem über die Niederlande (nicht Dänemark, wie Miller schreibt) nach Kanada, wo er auf englischer Seite im amerikanischen Unabhängigkeitskrieg kämpfte und sich anschließend niederließ (vgl. von Stosch, S. 516).

[290] Lies: unterzubringen, das heißt eine Anstellung zu verschaffen.

[291] Miller bezieht sich hier möglicherweise auf das von Boie nicht überlieferte Schreiben vor dem 26. Juni 1776 (s. Brief Nr. 16 dieser Arbeit). Boie war im Februar nach Hannover gezogen, wo er das Amt des Stabssekretär übernahm (vgl. Schmidt-Tollgreve, S. 58). Miller schreibt im Folgenden, man werde „des ewigen Herumtreibens [...] müde", womit Boies Hofmeisterdasein gemeint sein müsste (Brief Nr.18 dieser Arbeit, S. 52), und von Boies „Lage", die seinen „Wünschen so sehr angemessen" (ebd.) sei. Boie scheint in seinem Schreiben auch kritische Bemerkungen zu Millers erstem „Siegwart"-Roman und zum ersten Teil des „Briefwechsels dreyer Akademischer Freunde" gemacht zu haben, zumal Miller in seinem Brief im Folgenden von Boies „Erinnerungen" spricht, die er teilweise berechtigt fand. Beide Bücher waren zur Ostermesse 1776 erscheinen (vgl. v. Stosch, S. 496).

[292] Anna Magdalena Spranger, spätere Miller (1758-1805); Miller war mit ihr seit 1775 bekannt (vgl. Breitenbruch, S. 102). Die Heirat fand 1780 statt.

[293] Millers „Siegwart. Eine Klostergeschichte. Zweyter Theil" war in der Weygandschen Buchhandlung 1776 erschienen; zu Weygand s. Einleitung dieser Arbeit, S. 18.

[294] „Briefwechsel dreyer Akademischer Freunde", s. Anm. 18.

[295] Möglicherweise meint Miller hier unter anderem finanzielle Gründe angesichts seiner Amtslosigkeit. Einen anderen Grund nennt Miller in zwei Briefen an Voß: „Den Briefwechsel sez ich fort; Wohlern und etlich Freunden zu Gefallen." (Miller an Voß am 7.8. oder 7.9.1776, in: von Stosch, S. 139, Brief Nr. 40). „Die Forts.(setzung) des Briefw.(echsels) hab ich ungern übernommen; Ich thats Wohlern zu Gefallen." (Miller an Voß in einem Brief vom 8.-10(?).1.1777, in: von Stosch, S. 150, Brief Nr. 45). Wohler war der Ulmer Verleger des Briefwechsels, zu ihm s. Anm. 217.

[296] Lies: Anziehendes im Sinne von reizend (vgl. Deutsches Wörterbuch von Jacob und Wilhelm Grimm. 16 Bde. in 32 Teilbänden. Leipzig 1854-1961, Bd. 1, Sp. 531).

[297] Johann David Michaelis, s. Anm. 278. Der im Folgenden erwähnte Onkel ist Johann Peter Miller (s. Anm. 74), der seit 1766 als Professor der Theologie an der Göttinger Universität lehrte. Miller hatte im ersten Teil des „Briefwechsels" einer seiner Romanfiguren, dem Göttinger Studenten Trautmann, kritische Worte über Michaelis in den Mund gelegt, dem Herrschsucht, Egoismus und, trotz seiner geistigen Fähigkeiten, zu wenig Ernsthaftigkeit bei seinen Lehrveranstaltungen von Zeitgenossen vorgeworfen wurden. Über Letzteres äußert sich Trautmann insbesondere (vgl. Miller, „Briefwechsel", wie Anm. 18, Bd. 1, S. 310 f.).

[298] Miller hatte im Göttinger Musenalmanach auf das Jahr 1774 ein Nonnenlied veröffentlicht, in dem es um ein junges Mädchen geht, das gegen ihren Willen ins Kloster gebracht worden ist. Diesem folgten weitere Nonnenlieder im Musenalmanach auf das Jahr 1775. Die Stücke vergrößerten Millers Popularität, weshalb er sie in den anonym erscheinenden „Siegwart" (s. Anm. 18 bzw. 293) nicht einbrachte.

[299] [Johann Martin Miller:] „Beytrag zur Geschichte der Zärtlichkeit. Aus den Briefen zweyer Liebenden". Leipzig, in der Weygandschen Buchhandlung, 1776. Der „Beytrag" war ursprünglich für das von Heinrich Christian Boie herausgegebene „Deutsche Museum" bestimmt (vgl. von Stosch, S. 502). Dieser lehnte die Veröffentlichung aber ab. Miller schrieb an Johann Heinrich Voß am 26. Juni 1776 hierzu: „Ins Musäum mach ich noch nichts. Ich schrieb etwas, das Boien nicht gefällt. Mir aber gefällts, u. nun laß ichs, weils doch acht Bogen füllen

101

kann, einzeln druken. NB. Boie hatte auch erst den Anfang davon. [...] Boie hälts für allt[ä]glich; Er verwechselt aber Geschichte mit Sprache u. Empfindung." (Brief vom 15.6-9.7.1776, in: von Stosch, S. 136, Brief Nr. 39). Mit dem „Beytrag" begann Miller wahrscheinlich zu der Zeit, als er seine erste Ehefrau kennen lernte, das war in dem Jahr 1775 (vgl. Breitenbruch, S. 136). – Auf welchem Wege Miller seinen Text Boie zukommen ließ, ist nicht überliefert.

[300] Nicht ermittelt. Vermutlich eine Rezension in den „Erfurtischen gelehrten Zeitungen", s. Anm. 83.

[301] Hier ist Millers Handschrift undeutlich, es ist auch als „manchen" zu lesen.

[302] Am 1. September 1776 war Hölty in Heinrich Christian Boies Anwesenheit in Hannover gestorben.

[303] „Deutsche Chronik" (s. Anm. 216). Der Titel des von Miller gedruckten Beitrag lautete „Einiges von Höltys Character. Beylage zum 80sten Stück der Teutschen Chronik". Augsburg 1776.

[304] „Auf den Tod meines Freundes Hölty. An den Hutmacher Städele in Memmingen" im 90. Stück der „Deutschen Chronik" (Augsburg 1776). Vorausgegangen war eine Veröffentlichung des Textes „Ach Miller!" von Christoph Städele (1744-1811) im 87. Stück der „Deutschen Chronik".

[305] Hölty übertrug kurz vor seinem Tod dem Freund Heinrich Christian Boie die posthume Herausgabe seiner Gedichte. Dieser nahm zwar die Herausgabe in Angriff, führte das Vorhaben jedoch nicht zum Abschluss, da er mit der Arbeit nicht vorankam. Ein Grund hierfür war, dass für ein Gedicht oft mehrere Fassungen vorlagen. Deshalb wollte Boie die Bundesbücher des sog. Göttinger Hains zur Hilfe heranziehen, die er über Voß zu beziehen beabsichtigte. Allerdings gestaltete sich die ganze Aufgabe als schwierig. Boie erwähnt im Folgebrief (Brief Nr. 19 dieser Arbeit) gegenüber Miller in dieser Arbeit, dass er „von den Verwandten die Papiere nicht herauskriegen" könne. Obwohl Boie noch Anfang der achtziger Jahre damit beschäftigt war, die letzten, für die Ausgabe fehlenden Gedichte zu sammeln und die schon vorhandenen eigenhändig abzuschreiben, übernahm Voß gemeinsam mit Friedrich Leopold Stolberg die Herausgabe von Höltys Werken.

[306] Johann Caspar Lavater (1741-1801); Pfarrer und Schriftsteller. Lavater war Miller seit dem Herbst 1775 persönlich bekannt (vgl.

102

Breitenbruch, S. 92).

[307] Siehe Anm. 45. Closen war am 21.12.1776 verstorben.

[308] Goethe schrieb eine „Anekdote zu den Freuden des jungen Werthers". Die Prosaszene entstand 1775. Christoph Friedrich Nicolai hatte zuvor im gleichen Jahr die Parodie zu Goethes Werther „Freuden des jungen Werthers. Leiden und Freuden des Mannes" veröffentlicht. Goethes „Anekdote" persifliert Nicolais „Werther"-Parodie. Boie hatte Kenntnis von Goethes „Anekdote" (vgl. Der junge Goethe, hg. v. Hanna Fischer-Lamberg, Berlin, New York 1973, Bd. 5, S. 425 f.).

[309] Möglicherweise Philipp Christoph Kayser (1755-1823), war in Frankfurt mit Goethe befreundet, lebte seit 1775 in Zürich als Klavierlehrer, stand in Kontakt zu Miller. Kayser komponierte u. a. Musik zu Singspielen Goethes (vgl. v. Stosch, S. 462). Näheres nicht ermittelt.

[310] Konrad Friedrich Köhler (1752-1838), Buchhändler, ein Ulmer Freund Millers, der literarisch tätig war, unter anderem als Beiträger des „Deutschen Museums".

[311] Nachdem Hahn im Herbst 1774 Göttingen verlassen hatte, kehrte er im Frühjahr 1775 wieder unvermutet zurück, um dort Theologie zu studieren. Gegen Ostern 1776 verließ Hahn abermals Göttingen, um nach Zweibrücken zurückzukehren (vgl. Herbst, Bd. 1, S. 167; vgl. auch Alfred Kelletat [Hg.]: Der Göttinger Hain. Stuttgart 1967, S. 381). Im November 1776 reiste Hahn wieder nach Göttingen, um den erkrankten von Closen aufzusuchen. Erst im August 1777 kehrte Hahn nach Zweibrücken zurück (vgl. v. Stosch, S. 526).

[312] Über dem von Boie geschriebenen Datum steht der Vermerk „Erhalten den 7. Jun. [Juni]". Er entspricht Millers Schriftbild.

[313] Vermutlich Leipziger Buchmesse.

[314] Der Verleger Weygand erlaubte sich Eigenmächtigkeiten im Druck, während der Mitherausgeber Dohm (s. Anm. 221) oft eine andere Auffassung von der inhaltlichen Konzeption des „Deutschen Museums" hatte. Dies gilt insbesondere für die literarischen Beiträge, denen Boie eine größere Bedeutung beimaß als Dohm.

[315] Den Vorschlag hierzu hatte Boie auf Grund der Unstimmigkeiten mit Dohm im März 1777 gemacht (vgl. Schmidt-Tollgreve, S. 60). Boie war nach der erwähnten Absprache für die Juli-Ausgabe verantwortlich,

während die August-Ausgabe dann in Dohms Hand lag und so im monatlichen Wechsel weiter. Im Sommer 1778 gab Dohm seinen Anteil als Herausgeber des „Deutschen Museums" auf.

[316] Siehe Anm. 299.

[317] Boie und Dohm gaben unter anderem Briefe beziehungsweise Auszüge aus Briefen verschiedener Verfasser im „Deutschen Museum" wieder.

[318] Gottfried August Bürger (s. Einleitung dieser Arbeit, S. 11), war als Amtmann in Altengleichen tätig. Er war mit seiner Anstellung nicht glücklich und besuchte Boie nicht zuletzt deshalb, um „durch tätige Teilnahme am Theater angeregt" zu werden (Oskar Ulrich: Charlotte Kestner. Ein Lebensbild. Bielefeld, Leipzig 1921, S. 106). Was für eine Anstellung Boie hier meint, war nicht zu ermitteln. Es gibt einen sehr unscharfen Hinweis in Ernst Consentius' Ausgabe von Bürgers Gedichten (Bürgers Gedichte in zwei Teilen, hg. v. Ernst Consentius. Berlin, Leipzig, Wien, Stuttgart 1914). Consentius schrieb über Bürgers Besuch in Hannover: „Er [Bürger] hatte in Hannover so vielen Beifall gefunden, daß Boie Hoffnung hatte, ihn bald in königlichen Diensten zu sehen." (a. a. O., Bd. 1, S. XLVI).

[319] Seit etwa Sommer 1776 hielt sich Leisewitz wieder in Hannover auf, nachdem er einige Monate mit Unterbrechung in Braunschweig gelebt hatte. Seine Freunde aus dem sog. Göttinger Hain warfen ihm Schreibfaulheit vor, da er Briefe nicht beantwortete (vgl. von Kutschera, wie Anm. 122, S. 22 ff.).

[320] Bereits im November 1775 hatte Bürger sich mit dem Gedanken beschäftigt, eine Sammlung seiner Gedichte herauszugeben. Sie erschien im Jahre 1778 in Kommission bei dem Göttinger Verleger Dieterich.

[321] Siehe Anm. 216 bzw. 303 und 304.

[322] Seit dem Jahre 1774 waren Voß und Ernestine Boie ein Liebespaar. Boie bemühte sich um das Zustandekommen der Heirat, indem er positiv auf seine Mutter einzuwirken versuchte, deren Einwilligung dafür von Nöten war. Im Juli 1777 fand die Trauung statt (vgl. von Schwerin, wie Anm. 239, S. 39 ff.).

[323] Siehe Anm. 216. Vgl. auch Warneken, wie Anm. 216, S. 229.

104

[324] Johann Christoph Biel (Lebensdaten nicht ermittelt), Deklamator, „ein wegen `Sünde gegen das sechste Gebot verunglückter´ cand. theol." (Thomas C. Starnes: Christoph Martin Wieland. Leben und Werk. Sigmaringen 1987, 3. Bd. S. 525; vgl. auch Grywatsch, wie Anm. 30, S. 224).

[325] Lies: „Messias"; durch dieses umfangreiche Werk wurde Klopstock zu einem der berühmtesten deutschen Dichter seiner Zeit.

[326] Pistole: eine der damaligen Währungsformen auf deutschem Gebiet (vgl. hierzu Grywatsch, wie Anm. 30, S. 225).

[327] Gedichte der Brüder Christian und Friedrich Leopold Grafen zu Stolberg [hg. von Heinrich Christian Boie]. Leipzig 1779.

[328] Heinrich Christian Boie hatte beide Brüder Stolberg im Sommer in Pyrmont bzw. Bad Meinberg getroffen. Ob hier Friedrich Leopold oder Christian Stolberg hier gemeint ist, ist unklar. Ein Brief Friedrich Leopold Stolbergs aus dem Herbst 1779 an Boie ist nicht nachzuweisen (vgl. Friedrich Leopold Graf zu Stolberg-Stolberg. Verzeichnis sämtlicher Briefe, bearbeitet von Ingeborg und Jürgen Behrens. Berlin, Zürich 1968, S. 30). Dasselbe gilt auch für ein mögliches Schreiben Christian Stolbergs an Boie.

[329] [Johann Martin Miller:] „Geschichte Karls von Burgheim und Emiliens von Rosenau. In Briefen." Vier Bände. Leipzig 1778-1779.

[330] Eine Übersetzung Christian Stolbergs von „Dreizig Hymnen Homers" findet sich in: Gesammelte Werke der Brüder Christian und Friedrich Leopold Grafen zu Stolberg in zwanzig Bänden. Hamburg 1827, Bd. 16. Ein Band von Übersetzungen Christian Stolbergs, dem älteren Bruder, in Dieterichs Verlag ist nicht zu ermitteln (vgl. Elisabeth Willnat: Johann Christian Dieterich. Ein Verlagsbuchhändler und Drucker in der Zeit der Aufklärung. Frankfurt a. M. 1993).

[331] Boie meint hier wohl Revision.

[332] Siehe Anm. 303 u. 304. Miller besaß tatsächlich Manuskripte von Hölty (vgl. Kraeger, S. 44).

[333] In den Jahren 1775 bis 1780 beschäftigte sich Miller vor allem mit dem Schreiben von Prosa. In seinen beiden ersten Ulmer Jahren war Miller auch noch als Lyriker aktiv, seit 1777 klagte er zunehmend über Unfähigkeit. Eine Sammlung seiner Gedichte gab er 1783 heraus (vgl. Breitenbruch, S. 126 bzw. S. 171).

[334] Friedrich Leopold Günther von Goeckingk (1748-1828), Dichter, lebte in Ellrich. Hier meint Boie wohl die dreiteilige Sammlung „Gedichte. Auf Kosten des Verfassers". Leipzig 1780-1782.

[335] Johann Friedrich Hahn starb am 30. Mai 1779 in Zweibrücken.

[336] Heinrich Christian Boie hatte Hahn während seines zweiten Aufenthaltes in Göttingen (1775-1776, s. Anm. 311) finanziell unterstützt, indem er eine Summe Geld für ihn borgte, die er verzinsen und schließlich gänzlich decken musste (vgl. Langguth, wie Anm. 46, S. 148; vgl. auch Herbst, Bd. 1, S. 168).

[337] Christian Ludwig Freiherr von Hardenberg (1700-1781), hannoverischer Feldmarschall, Boies Vorgesetzter als zweiter Stabssekretär.

[338] Zu Gleim, siehe Anm. 98.

[339] Luise Gräfin zu Stolberg-Stolberg (1746-1824), seit 1777 mit Christian Stolberg verheiratet.

[340] Auguste Louisa Gräfin zu Stolberg-Stolberg (1753-1835), Schwester Christian und Friedrich Leopold Stolbergs.

[341] Katharina Gräfin zu Stolberg-Stolberg (1751-1832). Ihre Erzählung „Rosalia" erschien im 7. Stück (Juli) des „Deutschen Museums" von 1779 (ebd., S. 1-13), Schwester Christian und Friedrich Leopold Stolbergs.

[342] Boie meint hier Bad Meinberg, Heilbad östlich des Teutoburger Waldes, nahe Detmold.

[343] Auguste Stolberg (siehe Anm. 340).

[344] Johann Georg von Zimmermann (1728-1795), Arzt und Schriftsteller, ein Bekannter Boies in Hannover.

[345] Christian Stolberg, s. Einleitung dieser Arbeit, S. 14.

[346] Marie Sophie von La Roche (1730-1807), Schriftstellerin.

[347] Maximiliane Euphrosyne Brentano, geb. von La Roche (1756-1793).

[348] Boie hatte sich schon seit dem Jahre 1767 mit der mittelhochdeutschen Lyrik auseinandergesetzt. Auch später, z. B. im Sommer 1773, beschäftigte er sich mit dem Gedanken, eine Sammlung alter Minnelieder herauszubringen.

[349] Siehe Einleitung dieser Arbeit, S. 12.

[350] Parzifal, Held der Artusliteratur, Gralssucher, Hauptgestalt in höfischen Epen von Chrétiens de Troyes und Wolfram von Eschenbach.

[351] Heinrich Voß (1779-1822).

[352] Seit dem Jahre 1778 besetzte Voß die Rektorstelle an der Lateinschule in Otterndorf an der Niederelbe. Die Arbeitsbelastung und die gesundheitlichen Probleme der Familie führten 1782 dazu, dass Voß eine Rektorstelle in Eutin antrat. Er vollendete in Otterndorf seine Homer-Übersetzung, die Boie im Folgenden erwähnt. Zunächst fanden sich nicht genügend Subskribenten, so dass die Odyssee erst 1781 im Selbstverlag erscheinen konnte (vgl. Frank Baudach: Johann Heinrich Voß – Leben und Werk, in: „Ein Mann wie Voß...", wie Anm. 168, S. 13-19, hier S. 15 f.).

[353] Zu Cramer s. Einleitung dieser Arbeit, S. 14. Juliane Elise Cramer (1756-1780), Cramers Schwester, heiratete im September 1779 den Prokurator Johann Conrad Beneke (1755-1808) in Celle. Freundliche Mitteilung von Herrn Joachim Laczny, Stadtarchiv Celle; vgl. auch von Stosch, S. 425.

[354] Mit „Hieroglyphen" meint Boie wahrscheinlich Klopstocks eigene reformierte Orthographie, in der seine „Fragmente über Sprache und Dichtkunst" erschienen (die beiden ersten Teile 1779, Hamburg). Mit „Geweihten" meint er vermutlich die Klopstockfreunde, die sich nicht von dieser Orthographie abschrecken ließen. Freundliche Mitteilung von Herrn Dr. Klaus Hurlebusch, Hamburg.

[355] Johann Herkules Haid (1738-1788), Professor am Ulmer Gymnasium, Verfasser historischer und ökonomisch-statistischer Schriften. Freundliche Mitteilung von Herrn Dr. Bernd Breitenbruch, Neu-Ulm.

[356] Gottlob Dietrich Miller, s. Anm. 105.

[357] Ob Boie einen Brief an Miller zu diesem Zeitpunkt schrieb, ist nicht ganz gewiss. Der gemeinsame Freund Christian Hieronymus Esmarch (1752-1820), der zu dieser Zeit in Kopenhagen lebte, schrieb vermutlich am 25. Juli nach einer Begegnung mit Boie: „Campens Buch über Empfindung und Empfindelei berühmte B. [Boie] sehr. Er habe, sagte er, an Miller geschrieben, wie er durch seine Bücher mehr Schaden als Gutes gestiftet" (Esmarch in seinem Tagebuch, zitiert nach Langguth, wie Anm. 46, S. 145). Boie hielt sich von Juli 1780 bis etwa Ende August in Dänemark auf und war auch in Kopenhagen. Der Schriftsteller Joachim Heinrich Campe (1746-1818), den Esmarch in

seinem Eintrag meinte, könnte demnach das erwähnte Schreiben an Miller auch verfasst haben, zumal der Bezug des Pronomens „er" zu Beginn des zweiten Satzes in Esmarchs Äußerung nicht ganz eindeutig ist. Ein Schreiben Campes an Miller kann allerdings ebenfalls nicht nachgewiesen werden. In Campes veröffentlichtem Briefwechsel beispielsweise gibt es keinen Hinweis, dass er mit Miller korrespondierte oder in Kontakt stand (vgl. Hanno Schmitt [Hg.]: Briefe von und an Joachim Heinrich Campe [2 Bd.], Bd. 1, Briefe von 1766-1788. Wiesbaden 1996; vgl. auch Perrey, wie Anm. 56). Insofern ist eher davon auszugehen, dass Esmarch Boie meinte, der an Miller geschrieben hatte. – Vermutlich meinte Esmarch in seinem Eintrag „Über Empfindsamkeit und Empfindelei in pädagogischer Hinsicht" von Joachim Heinrich Campe (Hamburg 1779). – Das Verb „berühmt" bei Esmarch ist als rühmen zu lesen (vgl. Deutsches Wörterbuch, wie Anm. 87, Bd. 1, Sp. 1537).

*

Abbildungen

Die Abbildungen dieses Bandes sind stark vereinfachte Miniaturen dieser Bilder:

H. C. Boie, Gemälde von Mathieu 1773, Dithmarscher Landesmuseum,
C. R. Boie zugeschriebener Scherenschnitt, SHLB, Kiel, Cb7 – Familiennachlass Boie - Silhouettensammlung Nr. 20,
Hölty, Stahlstich, Gottschick, Graphiksammlung Österr. National-Bibliothek,
Klopstock, Stich nach Zeichnung von H.W. Tischbein,
J. M. Miller, Kupferstich von J.J. Haid,
Ernestine Voß, Gemälde von Schöner 1797, Gleimhaus Halberstadt,
J. H. Voß, Zeichnung von H.W. Tischbein.

108